Quem tem medo do projetamento?

FERNANDO MARCELINO PEREIRA

QUEM TEM MEDO DO PROJETAMENTO

IGNACIO RANGEL E SUA ATUALIDADE

KOTTER EDITORIAL

Coordenação editorial: Sálvio Nienkötter
Editor-executivo: Claudecir de Oliveira Rocha
Editor-assistente: João Lucas Dusi
Capa: Jussara Salazar
Design editorial: Carlos Garcia Fernandes
Produção: Cristiane Nienkötter
Preparação de originais e revisão: O Autor

Dados Internacionais de Catalogação na Publicação (CIP)
Angelica Ilacqua CRB-8/7057

P491q

Pereira, Fernando Marcelino
Quem tem medo do projetamento? Ignácio Rangel e sua atualidade / Fernando Marcelino Pereira. – 1. ed. – Curitiba : Kotter editorial, 2024.
128 p.

Bibliografia
ISBN 978-65-5361-359-1

1. Economia – Projetamento 2. Rangel, Ignácio, 1914-1994 I. Título

CDD 330

24-4501

Kotter Editorial Ltda.
Rua das Cerejeiras, 194
CEP: 82700-510 - Curitiba - PR
Tel. + 55(41) 3585-5161
www.kotter.com.br | contato@kotter.com.br

Feito o depósito legal
1ª Edição
2024

FERNANDO MARCELINO PEREIRA

QUEM TEM MEDO DO PROJETAMENTO

IGNACIO RANGEL E SUA ATUALIDADE

*"nossos problemas são prementes
e exigem soluções concretas,
não modelos teóricos perfeitos".*

Ignácio Rangel

SUMÁRIO

INTRODUÇÃO

Este pequeno opúsculo é uma volta ao pensamento de Ignácio Rangel. Por que ler Ignácio Rangel hoje? Não pretendo apresentar toda a obra de Rangel, nem suas visões sobre sua grande paixão e objeto da maior parte de seu trabalho e obra — o Brasil. São relativamente conhecidas suas contribuições sobre a formação econômica do Brasil, sua dualidade básica, a questão da inflação e o debate sobre a questão agrária. Aqui vamos nos concentrar numa dimensão menos conhecida, porém crucial na compreensão de sua obra: sua contribuição singular em torno do projetamento. Nosso principal objetivo é aprofundar-se no pensamento de Rangel em um assunto relativamente pouco abordado até então e que possui um forte apelo no mundo atual, podendo encontrar ressonância em diversas áreas, como economia, política, organização social, gestão de territórios e múltiplos projetos, governos nacionais, estaduais e municipais, etc.

Maranhense, Rangel nasceu em 20 de fevereiro de 1914. Ainda no Maranhão, começou os estudos de direito, concluídos no Rio. Seu pai, José Lucas Mourão Rangel, era juiz de direito, crítico à República Velha e simpatizante da Coluna Prestes, sua primeira grande influência intelectual, sob a forma do ensino da ciência das leis desde pequeno. Seu avô e bisavô também foram juristas. Em 1930, com 16 anos, participa da Revolução de 1930 e depois da Aliança Nacional de Libertação (ANL) em 1935. É preso, passando a estudar história e economia como autodidata, tendo depois feito mestrado em economia no Chile. Começou a rever as teses em torno da ideia de que uma industrialização efetiva seria impossível sem a precedência de uma reforma agrária. A partir daí, buscando respostas para o porquê de a economia brasileira não ter seguido a dinâmica de uma industrialização precedida de reforma agrária (tal como previam as postulações da ANL e do PCB), é que sua teoria é formulada. Em 1951, integra o núcleo da Assessoria Econômica do governo Vargas; em 1954, tornou-se funcionário do BNDE (Banco Nacional de Desenvolvimento Econômico); no ano seguinte, Rangel integrou o grupo que constitui o ISEB (Instituto Superior de Estudos Brasileiros). Além disso, ele foi um dos responsáveis pela segunda etapa do Plano de Metas no governo Juscelino Kubitschek e, por fim, permaneceu vinculado ao Estado enquanto concursado do BNDE até o final dos anos 1980.

A Assessoria Econômica do segundo governo de Getúlio Vargas (1951-1954) reunia os "maiores" técnicos da área de planejamento econômico para estruturar as ações intervencionistas do Estado. Chefiada pelo economista baiano Rômulo Almeida, escolhido pessoalmente por Getúlio, a Assessoria compôs-se de jovens quadros, muitos deles egressos do funcionalismo público organizado pelo DASP (Departamento Administrativo do Serviço Público), criado no Estado Novo. Entre os principais membros, destacaram-se o sociólogo cearense Jesus Soares Pereira, Ignácio Rangel e o administrador paraibano Cleanto de Paiva Leite. A Jesus Soares coube as tarefas relacionadas ao setor energético, às quais ele já se dedicava desde o final da década de 1930. Rômulo Almeida se dedicaria com maior notoriedade ao setor financeiro e Rangel, ao setor industrial de maneira geral. Mas a questão do planejamento amplo perpassava todo o núcleo de atuação. A partir da estruturação da Assessoria Econômica, Rômulo, Ignácio, Jesus e Cleanto se inseriam numa dinâmica de luta política, e o papel deles era justamente se empenharem em "vender" os projetos de sua equipe de governo aos ministros e deputados.

A palavra-chave naquele período era "planejamento", o qual deveria, conforme a determinação prévia do grupo, permear diversas questões, dentre elas a execução de projetos, a economia agrária, a inflação e a consolidação da indústria de base. Para Rangel, o Estado não poderia abrir mão do planejamento e, para isso, era necessário que o Estado gerenciasse setores estratégicos para a soberania nacional. O setor de energia, por exemplo, era primordial para o desenvolvimento do país. Rangel, com esse pensamento nacionalista e desenvolvimentista, participou da elaboração dos planos que vieram a resultar na criação da Petrobrás e da Eletrobrás, visando dar conta da necessidade pela qual o país passava de se industrializar e modernizar. Na questão energética, a nacionalização e a ampliação das fontes energéticas seriam necessárias para a autodeterminação do processo de industrialização, uma vez que a energia constitui, portanto, a mola-mestra do desenvolvimento. O controle da energia significa o controle do ritmo e da orientação do desenvolvimento, daí a necessidade da sua nacionalização. No início dos anos 1950, a energia brasileira era controlada por grupos estrangeiros, como a Light, o que subordinava o trabalho nacional aos comandos estrangeiros. Daí o empenho da Assessoria em planejar a formação de um sistema energético genuinamente nacional, combinando petróleo e eletricidade, ambos sob o controle e a liderança do Estado. Daí o sentido da atuação da Assessoria ao redigir o projeto de criação da Petrobrás, transformado na Lei nº 2004, de 3 de outubro de 1953, o projeto de criação da Eletrobrás, enviado ao Congresso em 1954, mas aprovado somente em abril de 1961 e sancionado pelo presidente Jânio Quadros.

Também foram elaborados, pela Assessoria, os projetos do Plano Nacional de Eletrificação e do Fundo Federal de Eletrificação, a ser financiado pelo Imposto Único sobre Energia Elétrica (IUEE). A Assessoria também elaborou os primeiros projetos para a diversificação das fontes de energia, de modo a aproveitar o imenso e variado potencial energético brasileiro. Do seu gabinete, partiram os estudos para a instauração da Comissão Nacional de Energia Nuclear (CNEN), com o objetivo de promover a indústria nuclear no Brasil. A CNEN seria criada em outubro de 1956, no governo de Juscelino Kubitschek, sob a presidência do Almirante Álvaro Alberto, e cumpriria função primordial no desenvolvimento atômico brasileiro nas décadas seguintes. Também foram promovidos estudos e projetos para a energia de biomassa, então chamada energia florestal. O Plano Nacional do Babaçu, criado ainda no segundo governo Vargas por iniciativa de Ignácio Rangel, visava aproveitar energeticamente esse vegetal, de maneira a agregar valor ao babaçu e gerar desenvolvimento e riquezas no Maranhão, um dos estados mais pobres da federação. O Plano Nacional do Carvão, delineado pela Assessoria, cumpriu, igualmente, papel determinante na ampliação da matriz energética brasileira e, também, da mineração e da siderurgia nacionais.

A Comissão de Desenvolvimento Industrial (CDI), responsável pelo Plano Geral de Industrialização e subordinada ao Ministério da Fazenda, foi uma iniciativa da Assessoria para congregar governo e empresários nacionais no aprofundamento da industrialização brasileira. Os setores considerados prioritários foram energia, metalurgia, transformação mineral, químico, têxtil, borracha e materiais de construção. A Assessoria fomentou a expansão da indústria automobilística nacional, com o estabelecimento da Subcomissão de Jipes, Tratores, Caminhões e Automóveis, sob a liderança da estatal Fábrica Nacional de Motores, incumbida de produzir, preferencialmente, os automóveis necessários à ampliação da produção agrícola e industrial e da capacidade logística nacional. O futuro Grupo Executivo da Indústria Automobilística (GEIA), criado no governo JK e responsável pela expansão e consolidação desse ramo industrial no Brasil, surgiu a partir do arcabouço institucional legado pela Assessoria. A ampliação do Fundo Rodoviário, com a legislação do Imposto Único sobre Combustíveis Líquidos, e o projeto de criação da Rede Ferroviária Federal (RFFSA), finalmente realizado em 1957 no governo JK, também foram iniciativas da Assessoria. A Assessoria também desenvolveu plano para formação dos quadros técnico-profissionais necessários ao cumprimento das metas de desenvolvimento. Em vista da precariedade de tais quadros, a Assessoria conduziu a criação da Coordenação de Aperfeiçoamento de Pessoal de Nível Superior (CAPES) e do Conselho Nacional de Desenvolvimento Científico e Tecnológico (CNPq), fundados em 1951 para impulsionar a pós-graduação e as pesquisas de nível superior nos temas centrais ao desenvolvimento da Nação. Em entrevista, Rangel diz:

> Participei como relator do projeto de lei da Eletrobrás e trabalhei no Plano Nacional de Eletrificação e em todos os projetos importantes, como o da Petrobras e o do Plano do Carvão, que estavam a cargo da assessoria econômica do presidente. Terminada essa tarefa, fui indicado para o BNDE, que na época estava recebendo funcionários interinamente. Nesta condição de funcionário interino, fui mandado para as Nações Unidas, em Santiago do Chile, onde fiz um curso. Na época, o "projetamento" era completamente desconhecido no Brasil e, por iniciativa minha, as Nações Unidas reorganizaram o curso de maneira a lhe dar uma estruturação adequada para esse fim. Fui talvez o primeiro economista que veio com formação especial em análise de projetos. Voltei ao Banco e fui imediatamente promovido a chefe de setor. Teoricamente, o meu setor seria o de Análise de Mercado, mas, na verdade, era o setor incumbido dos projetos de energia elétrica. A partir de então, fiz tudo o que se podia fazer dentro do Departamento Econômico. Cheguei à chefia do Departamento e à coordenação da equipe do Conselho do Desenvolvimento. Estive em todos os cargos que um técnico pode ocupar, mas nunca exerci nenhuma função administrativa, de diretor ou de conselheiro.

Nesta época, Rangel contribuiu para a formação do ISEB — o Instituto Superior de Estudos Brasileiros — junto de outros importantes teóricos que refletiram a respeito de nosso país sob diferentes prismas ideológicos, como Guerreiro Ramos, Nelson Werneck Sodré, Roland Corbusier e Hélio Jaguaribe, além de colaborar para a CEPAL. A Assessoria também reflete este caldeirão, se baseando no caráter social do desenvolvimento, para que a industrialização estivesse associada a uma política de ampliação do bem-estar social da maioria e, assim, do mercado interno, gerando estímulos endógenos ao crescimento da indústria, reduzindo, portanto, a dependência do exterior. A preocupação com a qualidade de vida dos trabalhadores e com as desigualdades sociais e regionais foi, então, plenamente incorporada à estratégia de desenvolvimento desenhada pela Assessoria.

A Assessoria é o primeiro órgão permanente e vinculado à presidência da República de planejamento econômico e de formulação de estudos, projetos e políticas estratégicas do ponto de vista do desenvolvimento nacional. O segundo se desdobra a partir de 1952, quando nasce o Banco Nacional de Desenvolvimento Econômico (BNDE), advindo da Comissão Mista Brasil-Estados Unidos (CMBEU), que reuniu norte-americanos e brasileiros na formulação de recomendações para a implementação de projetos prioritários para o desenvolvimento econômico do país. Segundo Rangel, a função do BNDES foi muito além da planejada originalmente pela comissão que o implementou nos anos 1950. Inicialmente, o banco estatal fora pensado somente como órgão para organizar a contrapartida nacional para os investimentos estrangeiros, empregando recursos fiscais. Na conjuntura inflacionária da época, os juros baixos dos empréstimos do BNDES, em razão da vigência da Lei de Usura, convertiam-se em praticamente um subsídio, já que eram negativos em termos reais. Contudo, enquanto era mantida a relação de mutuário e mutuante, o banco tinha um papel de "polícia" sobre os investimentos, nas palavras de Rangel. Isto é, o Estado não só dava o subsídio, mas controlava em alguma medida os destinos destes recursos, explorando as potencialidades sistêmicas da interdependência destes empreendimentos para o desenvolvimento nacional. É aqui que a capacidade do BNDES de planificar parte dos investimentos tinha um peso central. Junto de outros dispositivos, inclusive a inflação, o BNDES auxiliava na operação desta "dialética da capacidade ociosa", como chamava Rangel. Além de financiar os investimentos e controlá-los, o banco estatal também tinha uma importância fundamental na articulação política, ajudando a criar uma consciência nacional entre o empresariado. Pois a cada novo setor econômico que a instituição ajudava a formar, estruturava-se a seu redor o apoio político necessário para a consecução das medidas necessárias para implementá-lo. No entanto, isso ocorria sem que o próprio banco perdesse sua autonomia relativa frente à política, mantendo seu corpo eminentemente técnico, voltado para a execução do programa de desenvolvimento do governo. Para Rangel, o BNDES havia se tornado o verdadeiro órgão de projetamento da economia brasileira.

Já no corpo funcional do BNDES, Rangel participa da elaboração e execução do Plano de Metas do governo de Juscelino Kubitschek (1956-1959), coordenando uma série de ações, pesquisas, trabalhos e projetos visando ao desenvolvimento do Brasil. Chefiou o Departamento Econômico e se especializou no projetamento dos investimentos. Rangel também estava atento às transformações econômicas globais, acompanhando de perto as transformações na América Latina, nos Estados Unidos e na União Soviética. As experiências com planejamento compreendem países socialistas e não-socialistas, desde os nórdicos aos saxões, passando por franceses, italianos, indianos e dos tigres asiáticos. Acumulou-se uma ampla e complexa experiência de planejamento nos países latino-americanos nas décadas de 1920, 1930, 1940 e 1950, com variados matizes de um país a outro, com um grande número de documentos de planejamento e experiências muito desiguais com a execução dos planos.

O QUE É PROJETAMENTO?

A obra de Ignácio Rangel nos permite desenvolver uma sistematização, unindo elementos esparsos, diferentes livros e artigos, mas que se concatenam com a noção de projetamento. O projetamento pode ter diferentes significados, como resposta racional à anarquia e às crises do capitalismo, como desenvolvimento por grandes projetos, uma economia baseada em atender as necessidades sociais crescentes, capacidade de realização de projetos para adensamento das cadeias produtivas e comerciais, combinação de diferentes formas de produção por planos comuns, entre outros pontos.

Na década de 1950, Rangel elabora o núcleo teórico sobre o projetamento em quatro livros, primeiro com *Introdução ao desenvolvimento econômico brasileiro* de 1955, *Desenvolvimento e projeto*, de 1956, *Elementos de economia do projetamento*, de 1959, e *Recursos ociosos e política econômica*, de 1960. Com o golpe, cai no ostracismo. Em 1965, tem um infarto, retomando a produção de textos em 1968. Volta ao BNDE, aposenta-se em 1976, mas continua dando consultoria ao banco até as vésperas do governo Collor. Em alguns textos da década de 1970 e 1980, Rangel volta ao projetamento. No Volume 2 das Obras Reunidas, que reúne coletâneas de artigos, vemos que o projetamento percorre grande parte de sua obra. Também existem textos de jornal fora das *Obras Reunidas*, destacando-se "Desestatização e planejamento" de 1987. Por fim, o projetamento volta nos escritos tardios de Rangel em *O quarto ciclo de Kondratiev* de 1990 e *As crises gerais*, de 1992. Entre 1954 e 1992, são quase 40 anos de reflexão e produção. É nesse grande contexto histórico que se desenvolve o pensamento de Rangel.

A economia política do projetamento gira em torno de um modo racional e sistemático de tratar dos recursos humanos e físicos, em função do interesse público. Rangel também está preocupado em esclarecer quem são os sujeitos e os objetos do projetamento. É no processo social de tomada de decisões que existem as condições de diálogo com as esferas de inclusão e os espaços de exclusão. É preciso explicar quem planeja e quem é planejado. É uma questão de grupos sociais concretos e não de instituições abstratas.

Rangel debate em diferentes livros e textos sobre o projetamento. Dos seus oito livros, quatro têm partes importantes sobre o projetamento, sem contar os inúmeros textos que estabelecem conexões importantes para fundamentar sua economia política. Por onde começar o projetamento? Como criar uma capacidade de planejamento geral da economia, mantendo seu dinamismo e desenvolvimento?

1.

Em *Introdução ao desenvolvimento econômico brasileiro*, seu segundo livro, de 1955, Rangel aponta algumas questões sobre o planejamento, antecipando sua visão sobre o projetamento. Ele escreve que "o planejamento é impossível, a menos que o planejador — e este não pode ser outro senão o Estado — controle as alavancas essenciais do comando do organismo econômico. A Rússia pode planificar sua economia porque socializou os meios de produção essenciais e, de posse do comando da indústria, o Estado pôde submeter à sua direção inclusive os setores não estatizados da economia" (RANGEL, 2012, p.188). Rangel critica os planejadores que pretendem planificar sem o controle de tais alavancas. Assim, ela necessita supor muitas coisas além do poder efetivo de realizar as coisas programadas, pois:

> supõe uma economia partindo de um *estado de equilíbrio para outro estado de equilíbrio*, o que aberra de toda experiência histórica, que nos ensina que o progresso é sempre um movimento que parte de uma situação de desequilíbrio. Se conduz a uma situação de equilíbrio, cessa. Que estímulo, com efeito, terá uma economia para desenvolver-se, se todos os bens específicos de que carece estão sendo supridos nas quantidades necessárias e se os fatores, em cada empresa, estão combinados nas proporções convenientes? O verdadeiro promotor do desenvolvimento é aquele que utiliza o desequilíbrio existente para resolvê-lo *mediante* o desenvolvimento, mas tendo o cuidado de criar outro desequilíbrio, que substitua o primeiro; ou então aquele que introduz numa economia em repouso elementos de desequilíbrio, único modo de fazê-la marchar. Somente quando o homem aprender a fazer isso, a história deixará de ser fato de necessidade para converter-se em fato de liberdade (idem, p. 188).

Rangel pergunta: "por que não relacionamos antes os recursos disponíveis, em função do efetivo comando que tenhamos sobre eles, para depois, como coroamento do nosso trabalho, chegarmos à previsão de certo aumento da renda nacional, se esses recursos são usados de certo modo e não de outro?" (ibidem, p. 188). As políticas keynesianas e anticíclicas incluem ingredientes causadores de "essencial desequilíbrio". Rangel aponta que "o que nos faz falta é a indicação dos elos essenciais da cadeia e dos modos como se pode atuar sobre eles. O que nos importa, portanto, não é saber em que proporções exatas deveriam ser supridos os bens e serviços específicos necessários, mas como assegurar o suprimento dos bens que se tornaram escassos, isto é, definir o desequilíbrio nas relações interindustriais" (ibidem, p. 189). E, conclui, enfatizando que o fundamento do planejamento é indicar a fonte básica do desequilíbrio, "projetar a utilização do desequilíbrio existente no sentido de fazer com que, em termos de desenvolvimento, seja o máximo possível o rendimento do esforço corretivo. Esse tem sido inconsciente. Urge torná-lo consciente. Isto já é planejamento" (ibidem, p. 189). Esta é a ponta de lança do pensamento de Rangel, que a economia política não parte de um "estado natural", na dialética entre o novo e o velho, entre o moderno e o antigo. E o projetamento também parte desta base, pois intervém em situações que apresentam profundas contradições e desequilíbrios, como é o caso do setor ocioso da economia. A pesquisa dos desequilíbrios — ou balanço geral da economia — revela os elos fortes e fracos do sistema. É por ela que se começa o planejamento.

> Trata-se de verificar, em cada indústria particular, se seu custo unitário ou médio tende a aumentar quando aumenta o volume de produção ou se, ao contrário, tende a cair. Se o custo unitário tende a aumentar, a indústria está usando menos capital do que seria aconselhável, dada a tecnologia vigente e ao alcance da economia. A indústria converteu-se em elo débil do sistema ou, quando a subida do custo unitário é muito forte, por cada unidade de aumento do volume de produção, essa indústria específica converteu-se em ponto de estrangulamento. Se, ao contrário, o custo unitário tende a cair quando aumenta o volume de produção, é sinal de que essa indústria está usando mais capital do que seria conveniente. Constitui, portanto, elo forte do sistema econômico (ibidem, p. 189).

Rangel compara a situação dos planejadores soviéticos e brasileiros, lembrando que o livro é de 1955, no auge do socialismo soviético e início do governo JK, primeiro presidente eleito após a era Vargas:

> Enquanto o planejador soviético — planejador de economia fechada — tinha que fazer duro e meticuloso trabalho de balanço para descobrir elos débeis do sistema, em tarefa que jamais teria sido cumprida sem a propriedade pública dos meios de produção, o planejador brasileiro tem todos os elos débeis da economia já devidamente catalogados e classificados por

> ordem de magnitude e importância, sob a forma de longa lista de importações. Todo o seu trabalho preliminar consiste em criticar essa lista que, para ele, é um dado prévio, para o efeito de verificar sobre que item deve ser orientado o esforço de [industrialização por] substituição de importações (ibidem, p. 191).

Rangel aprofunda o que entendia como a "divisibilidade do projeto" ao analisar a política de substituição de importações. Sua preocupação é com as tecnologias e os recursos humanos, bem como mudanças institucionais, que podem fazer com que a produção de um item qualquer se torne econômica a partir de certo volume de produção. Pelo critério de maior ou menor divisibilidade do projeto, Rangel classifica os itens da pauta de importação em três grupos:

1. Produtos cuja produção pode ser realizada, a custos razoáveis, em volume maior ou igual ao que se pretende importar, considerando custos de câmbio.
2. Produtos que se pode produzir, mas em quantidade maior que a diferença da importação, embora menor que a quantidade total que se importa. Estes podem ser excluídos da pauta de importações.
3. Produtos que não se pode produzir nem em quantidade igual nem em qualquer quantidade.

Para Rangel, no primeiro grupo, a substituição independe de cuidados especiais do governo. No segundo, só se pode fazer se o Estado tomar medidas adequadas para tornar efetiva a reserva de mercado. E no terceiro, só se for possível criar condições propícias para exportação do excedente. Também se leva em conta na seleção das importações a curva de custo das indústrias potenciais, isto é, dos projetos, dado os custos relativos que o câmbio pode realizar, com um exame qualitativo de todos os custos e impactos envolvidos.

Filtrada a lista de importações pelos crivos, ainda existirá uma relação numerosa de projetos. Dessa forma:

> O trabalho imediato do planejador consistirá no estudo sistemático desses projetos, para a verificação dos fatos revelados pelo primeiro exame e, à luz deles, estabelecer a escala de prioridades. Procederemos a agrupar os projetos segundo a especificação dos recursos a usar, tanto na construção quanto na operação. Conheceremos assim as exigências de mão de obra, de materiais de construção e de equipamento e as especificações de uns e outros. Projeto isolado nada significa. Ele é apenas o material com o qual se constrói o plano. Com toda a probabilidade, verificaremos que a procura criada pelos próprios projetos tropeçará com escassezes dentro do mercado e já sabemos que cada escassez tende a converter-se em pressão sobre o balanço de pagamentos. Procuraremos, pois, antecipar-nos a essa pressão, conferindo a prioridade necessária aos projetos correspondentes a essa procura provocada pelos projetos, isto é, à procura derivada. Esse segundo grupo de projetos soma-se ao primeiro, o que quer dizer que alguns destes terão que ser excluídos. Novo agrupamento de projetos, nova investigação da procura derivada, novos projetos relativos a esta (ibidem, p. 195)

Para Rangel, este é o trabalho do plano — "aproximações sucessivas, sempre com a intenção de alcançar, pelo caminho mais curto possível e ao menor custo, a substituição de importações, usando para isso, na maior medida possível, a capacidade não-utilizada das indústrias nacionais. Esse trabalho não cessará nem mesmo durante a execução do plano" (ibidem, p. 196). Neste sentido, uma direção planejada da economia exige que o Estado preveja, seja capaz de antecipar tendências e eventuais choques, assim como gerar excedentes e orientar para outras aplicações os recursos a tempo, a fim de fortalecer as cadeias produtivas. Rangel assevera que o planejamento que atentasse apenas para a substituição de importações estaria incompleto. Sobre o cumprimento do plano, Rangel apresenta uma concepção flexível sobre as relações entre Estado e propriedade privada, com a introdução imediata do planejamento, mesmo em condições capitalistas:

> Dado que somos uma economia capitalista, muitas decisões terão que ser tomadas por intermédio do empresário privado. Ele é quem combinará os fatores capital e trabalho, de um lado, e nacionais e estrangeiros, de outro. Seguramente não quererá delegar a ninguém o direito de tomar aquelas decisões, mas o Estado pode, pela manipulação do preço da moeda nacional dos recursos estrangeiros que aquele usa, condicionar suas decisões. Seu grande instrumento para isso, no presente, é a manipulação do tipo de câmbio — desde que seja feita com finalidade consciente. Mas, além do câmbio, o Estado dispõe ainda de outros elementos poderosos. Desde que paute sua ação por plano-mestre bem delineado, pode, pelos seus órgãos administrativos e pelos seus bancos de investimento, executar projetos, especialmente os relativos à procura derivada, não com a intenção de fazer-se industrial, mas para antecipar as decisões. Se seu plano-mestre prevê a construção de numerosas hidrelétricas, ele sabe, com antecipação, que haverá necessidade de equipamento elétrico pesado de toda definição. Ora, só depois de criada a procura deste equipamento, o empresário privado se voltaria para sua produção. Que impede, pois, que o Estado, antes de lançar o programa de construção das centrais, construía a indústria mecânica pesada que atenderá à procura do material gerador, transmissor e consumidor? E que impede, também, que, tão pronto quanto a iniciativa privada se interesse pela indústria mecânica, o Estado lhe venda as instalações que houver construído? Assim libertará seus recursos para atacar outros projetos da mesma natureza (ibidem, p. 196).

Rangel enfatiza que o Estado pode dirigir os processos básicos da economia, desde os preços da moeda nacional quanto à industrialização, mediando exportação e importação. Até mesmo nas fases recessivas dos ciclos longos, o planejamento pode inverter uma conjuntura, ao mesclar coordenação, investimentos em setores ociosos e estratégicos. Isso porque, de diversas formas, o Estado age como representante da economia nacional. Rangel termina o livro enfatizando que já existem os elementos indispensáveis para o planejamento econômico, que afetem pelo menos a direção geral dos processos básicos. Em suas palavras, "as condições básicas para o planejamento estão criadas, trata-se apenas de aprender a usá-las" (ibidem, p. 198).

2.

Em seu terceiro livro, *Desenvolvimento e Projeto*, de 1956, Rangel começa criticando a noção vulgar que admite explicitamente apenas a evolução fenomenal da economia. Que só existem coisas e que sua evolução é natural, sem a possibilidade de grandes mudanças, tendo o "livre mercado" como imutável e inexorável. Rangel escreve que "é nosso direito — tentar, sempre que mister se faça, reformular o pensamento dos construtores da ciência, desde que não percamos de vista que isso somente poderá ser feito se nos situarmos idealmente no contexto histórico em que eles viveram e pensaram, porque suas teorias não foram construções no vazio, mas a expressão mais elevada de sua própria vivência histórica" (ibidem, p. 206). Lembra que com a Revolução Russa, "criaram-se condições concretas que permitem tornar a procura efetiva cada vez mais independente do preço dos fatores, o planejamento econômico se tornou possível e tivemos as teorias que correspondem à nova problemática" (ibidem, 206). Rangel defende que devemos estar preparados para usar alternadamente o instrumental keynesiano, o neoclássico, o clássico e até o fisiocrático, segundo as circunstâncias. É possível aperfeiçoar estes instrumentos, reformular seus princípios, mas não se pode excluir eles, pois são úteis ao trabalho prático. No final da apresentação do livro, Rangel apresenta a ideia de projetamento:

> O planejamento e o projetamento econômicos não poderão ser feitos cientificamente exceto se tomarmos em consideração as peculiaridades da economia em que se fazem. O planejamento em geral, "puro", é um mito. O nosso — ainda quando limitado — não poderá ser feito a menos que nos apoiemos no fato de que o processo de substituição de importações, nas presentes circunstâncias, é a forma primária do esforço industrialista do país. Sem um controle sistemático

> do comércio exterior, não dirigiremos nem a quantidade nem a qualidade das inversões, o que quer dizer que não teremos ação alguma sobre nossa própria conjuntura. E, sem isso, não se pode falar em plano. Por outro lado, só a compreensão do funcionamento geral do mecanismo econômico pode, no nível do projetamento, instruir-nos como, pela seleção de técnicos e alocação de recursos, agir no sentido desejado, sobre a estrutura da oferta e sobre a da procura, coadjuvando a ação sobre a oferta e a procura globais (ibidem, p. 212).

Na segunda parte do livro, Rangel traça os pré-requisitos do planejamento e do projetamento. Aponta elementos para determinação de prioridade. Os fatores, unidades produtivas, a indústria, os setores, o sistema nacional e o sistema internacional apresentam diferentes níveis de desenvolvimento e integração. O planejador precisa compreender estas dimensões, visando introduzir formas de planificação que orientem o empresário privado. Enquanto o empresário privado somente toma conhecimento da necessidade de variar a quantidade e qualidade do produto, o Estado, mesmo o mais liberal, intervém no funcionamento do sistema, modificando os termos em que o empresário deve tomar suas decisões. Todos apelam para formas de programação, com economistas elaborando critérios científicos de prioridade que "nos libertem do grosso empirismo imediatista do empresário privado. Quer isso dizer que, tanto no nível do projeto, da unidade, como no do plano, do sistema — micro e macroeconomicamente –, aceitamos cada vez menos como a melhor de todas as alternativas aquela que resulta do mercado, da ditadura do consumidor" (idibem, p. 256). Para Rangel:

> A experiência histórica demonstra que nem os planos soviéticos são estéreis — como até há pouco supunha a ciência econômica ocidental — nem o esforço ocidental de projetamento e programação científicos é estéril — como ainda hoje julga a economia oficial soviética. De parte a parte houve progressos muito grandes, na teoria e na prática, demonstrando que há no mundo real mais coisas que aquelas que a filosofia de Mises considera (idibem, p. 256).

Propondo uma síntese, baseada nas condições em que se encontrava, ligado ao centro de projetamento econômico da época, Rangel resume que:

> Projetamento é ação sobre unidades; programação é ação sobre o sistema nacional. O projeto toma decisões sobre mudanças quantitativas de fatores, como é de convenção dizer-se; resulta ou na modificação do número de unidades, ou no aparecimento de unidades de tamanho diferente, implicando assim mudanças na indústria, no setor e no sistema. É provável que num desses níveis de integração a mudança de quantidade se desdobre em mudança de qualidade. Nem o programador nem o projetista podem ignorar esses fatos, que os habituais modelos estão muito longe de esgotar (ibidem, p. 254).

Rangel construiu uma teoria compreendendo as transformações que ocorriam tanto no capitalismo quanto, e principalmente, na economia planificada soviética. Rangel via paralelismos entre os modelos de planejamento da URSS e dos EUA, podendo constituir "modelos fechados" ao operar sobre economias continentais. Rangel classificava o experimento soviético "como um verdadeiro esforço de desenvolvimento" voltado à integração de milhares de trabalhadores ocupados em atividades agrícolas à "economia nacional", enquanto na economia dos EUA, por enfrentar outras questões, o objetivo central do plano é assegurar emprego remunerado a toda a população.

Para Rangel, o projetamento é um novo modo de produção que surge das regularidades em comum entre as economias soviética e capitalistas centrais. Se planeja ou não, o problema em torno de como identificar políticas econômicas estruturantes e de executá-las continua. O Estado e o planejamento são facilitadores e amplificadores de um processo histórico mais geral, no qual os movimentos endógenos da nossa sociedade, gradativamente, tornam-se cada vez mais importantes. E, a cada intervenção do Estado, se modifica a posição anterior do sistema.

Rangel diz que "não há planejamento abstrato. Não há planejamento em geral, mas planejamento e projetamento em condições específicas, concretas, isto é, particulares". Avançando nos critérios de prioridade dos projetos, Rangel aponta que é preciso fazer uma comparação dos custos de substituição dos diferentes projetos da mesma indústria, produzidos com três diferentes listas. Em primeiro lugar, uma lista aparente, partindo do câmbio para avaliar volume de inversões e seus impactos macroeconômicos. São projetos que se conectam com as necessidades identificadas em estados mais ou menos desenvolvidos. Em segundo lugar, a partir da lista inicial, se cria uma lista legal por meio do trabalho sistematicamente corrigido pelos órgãos encarregados do projetamento, como o BNDES no Brasil. Nesta etapa "comportará um elemento de práxis, de ação prática para intervir nessa realidade e modificá-la" (idibem, p. 275).

> Iremos assim construindo, item por item, uma terceira lista, que refletirá os verdadeiros custos sociais, na medida em que estes sejam pesquisáveis, o que depende da organização do trabalho de projetamento e da preparação do seu pessoal. De simples análise de projetos de iniciativa privada, para quem os custos sociais são indiferentes, o projetamento deve emergir como uma atividade bem orientada, articulada com todo o labor científico universitário e administrativo, especialmente com a pesquisa estatística que, assim, receberá tarefas menos bizantinas que algumas daquelas em que se exaure agora (idibem, p. 275)

Rangel chama esta terceira lista de lista dos custos sociais, com alto grau de apreensão da realidade objetiva, compondo "um acervo de projetos estudados e uma experiência de projetamento, única base séria para um planejamento ou programação científicos" (idibem, p. 275). É a base da economia do projetamento — capacidade de seleção, aprimoramento, gestão e execução, acumulando com o tempo experiência para dar saltos qualitativos para realização de grandes projetos simultaneamente, num processo de melhoramento permanente, gerando novas e diferentes etapas do projetamento. Para Rangel:

> a vida de toda economia se manifesta, em última instância, na concepção, maturação e execução de projetos. Numa economia capitalista, conceber e executar projetos é função do empresário privado. Esse empresário está perpetuamente em busca de combinações de menor custo, sujeito embora às limitações e luzes do seu horizonte. Nossa lista aparente deve refletir com o máximo de fidelidade os resultados obtidos por esse labor espontâneo de projetamento. Os custos refletidos nessa lista serão, portanto, um reflexo da seleção desses "projetos" (ibidem, p. 276).

Rangel aponta neste processo a "correção dos projetos espontâneos do mercado — correção essa que é a essência do projetamento e da programação" (idibem, p. 276). Assim eleva-se a capacidade de planificação, de programação e execução dos planos, dando um sentido mais definido e facilitando sinergias produtivas e tecnológicas. A heterogeneidade na composição do capital de diferentes unidades produtivas, com a coordenação do projetamento, se foca nos desequilíbrios e estancamentos mais significativos, gerando efeitos de produtividade em cadeia e ao longo do tempo. A economia do projetamento tem que "combinar o intervencionismo com o liberalismo econômico: num sistema que só se pode desenvolver nessas condições, de modo que o imperativo do equilíbrio intersetorial e interindustrial exige o intervencionismo ali" (idibem, p. 278). Este intervencionismo pode ser feito por crédito, moeda, impostos e, sobretudo, pelo câmbio, condicionando o impulso que chega à unidade econômica sob a forma de mudanças nos preços relativos dos produtos e fatores. Ao perceber um monopólio, por exemplo, estão dadas as condições para intervenção do Estado. Rangel chama a atenção para a importância do projetamento no comércio exterior, devido aos seus impactos na economia nacional, não podendo ser considerado um campo da ação privada. O projetamento do comércio exterior modifica todo o meio econômico, não apenas através de preços e fatores, mas também pela especificação de recursos, conseguindo determinar quantidades particulares importadas ou produzidas pelo setor monopolista interno, passando a depender de serviço de utilidade pública.

> Visto que o Estado modifica a motivação da iniciativa privada, esta traz um vício de origem. Não podemos supor que as melhores alocações e seleção de técnica, do ponto de vista social, possam ser fruto das decisões do empresário privado, uma vez que este se orienta por indicações do mercado que o próprio Estado já "falsifica", por assim dizer. No trabalho para instruir decisões que mais contribuam para a expansão do produto social, o projetista terá, portanto, que desfazer os efeitos dessa falsificação (idibem, p. 280)

Intervindo no melhoramento e correção de projetos, submetidos à avaliação e devolvidos pelas unidades privadas, agregando "ilhas" que existem no mercado. Rangel se foca nas empresas monopólicas como o "corpo de eleição para o projetamento público", propondo até formas de fusão entre unidades estatais e privadas, visando poupar estruturas, até chegar "onde não há nem interesse nem possibilidade de distinguir entre o custo social e o custo para a empresa" (ibidem, p. 281).

> o projetamento público não tem apenas a função de corrigir o projetamento privado, na pesquisa do custo e do benefício sociais. Ele permite ampliar os horizontes técnicos e econômicos, ordenando de forma original a matéria estudada, o que pode conduzir a uma drástica redução dos custos, graças à sua perspectiva global [...]. Só o projetamento público poderá resolver o problema do seu indispensável escalonamento no tempo, distribuindo os efeitos sobre os agregados da contabilidade social e reduzindo o efeito acelerador que desdobra-se em pressão, que pode tornar-se insuportável, sobre o balanço de pagamentos (ibidem, p. 281).

Isso é, sem projetamento não existe capacidade de longo prazo nas ações do Estado. Os projetos materializam os investimentos e as prioridades, gestando ações (infraestrutura, indústrias, serviços, etc.) relacionadas a diversas formas de propriedade, constituindo a base racional para a "definição da política de projetamento e programação" (ibidem, p. 283).

3.

Rangel participa do Plano de Metas de JK — para ele, era um Programa de Metas e não um Plano. Desta experiência, criou as condições para escrever seu quarto livro, *Elementos de economia do projetamento*, de 1959. Rangel se propõe elaborar "não sobre a arte de fazer projetos em geral, mas especificamente sobre a economia do projetamento", visando "melhorar o projetamento público" (ibidem, p. 363). Em suas palavras:

> O projetamento é, ao mesmo tempo, macro e microeconomia; é teoria e é prática; é apreciação do particular no geral, do concreto no abstrato, e verificação do abstrato no concreto. Do ponto de vista da engenharia, é, simultaneamente, aplicação dos conhecimentos anteriores e formulação de novos problemas cuja solução, eventualmente, enriquecerá aquele acervo de conhecimentos, libertando as energias criadoras do engenheiro. O engenheiro aprenderá a desvencilhar-se da tirania do manual e dos prospectos do fabricante de equipamento. Será convidado a criar, a inventar, como tarefa de rotina (ibidem, p. 362).

Esta noção se baseia no problema do projetista e do planejador, pois carecem de saber o que se busca estabelecer ou verificar num projeto. Rangel expõe o que seria o "problema capital do projetamento": a medida da utilidade. Retoma a noção de dupla utilidade de Aristóteles, valor de uso e valor de troca de Marx, debate com Adam Smith, David Ricardo e Keynes. Rangel ressalta que não aspira a apresentar como preparar um projeto ideal. Mais importante é que "se temos uma ideia clara do que queremos, os fatos se ordenarão por si mesmos, porque saberemos ver na desordem aparente da realidade as coisas que realmente interessam" (ibidem, p. 365).

Rangel aponta que "todas as coisas do nosso universo são dotadas da possibilidade de acesso à condição de utilidade efetiva. Basta que lhes descubramos e asseguremos emprego útil" (ibidem, p. 365). Todos os anos a economia inicia certo número de projetos. Eles estão ligados aos movimentos periódicos de prosperidade e depressão, o que significa que, em certas épocas, se iniciam mais projetos do que em outras. Cada projeto novo modifica a quantidade e as condições de suprimento dos bens e serviços que compõem seu projeto (insumos de outras indústrias) e, ao mesmo tempo, modifica a quantidade e a utilidade dos insumos que absorve. As inovações nele criadas se propagam por todo o sistema. Projetar é ordenar com vistas a obter um resultado melhor diante de custos e benefícios. O projetista intervém "para aproximar tanto quanto possível a combinação de maior benefício do ponto de vista social" (ibidem, p. 414).

O custo é a soma dos fatores. Ao possibilitar a criação de utilidade, "um projeto é um arranjo destinado a, pelo emprego combinado de certos bens e serviços, criar outros bens e serviços" (ibidem, p. 369). Pode-se definir a utilidade dos fatos em anteriores e consequentes/potenciais ao projeto. Cada projeto tem um arranjo de fatores — trabalho, capital e terra. Os fatores se combinam de modo diverso. Um projeto descobre novas utilidades para as coisas existentes, isto é, cria novo mercado pela combinação de fatores de menor custo e maior benefício. Novas técnicas levam a novas combinações de fatores que aceleram o aumento da produtividade.

> A intervenção do Estado na economia apresenta problemas absolutamente novos, porque os antigos mecanismos espontâneos de estabelecimento do equilíbrio estão irremediavelmente quebrados e a gestão dos negócios, de problema de intuição que era antigamente, quando ao economista não cabia senão a missão de explicar, e não tinha voz na gerência, tornou-se assunto de ciência — uma ciência que só pouco a pouco se vai colocando à altura da tarefa. Todas as soluções até aqui oferecidas a esses problemas são soluções parciais e contingentes — inclusive o planejamento soviético, o mais exaustivo de

todos. Quanto ao planejamento ocidental, não obstante todos os seus indiscutíveis méritos, não tem por finalidade assegurar a combinação social de maior benefício, e não se ocupa da estrutura da economia senão para o efeito de descobrir oportunidades de inversão, no sentido geral de assegurar o chamado equilíbrio econômico (ibidem, p. 420).

O projetamento é a intervenção progressiva do Estado para criar condições para que os projetos, através de mudanças institucionais, cheguem à aproximação do nível ótimo, isto é, que tenham a combinação de fatores de maior benefício. Para Rangel, o projetamento é o desenvolvimento econômico que consegue realizar um aumento consistente e de longo prazo do produto per capita. Os efeitos de cada projeto são, ao mesmo tempo, globais e específicos. Projetamento pode ser entendido como ajustamento de projetos visando a mais impacto global e específico. O projeto serve para introduzir mudanças no modo de operação de cada unidade existente, alcançando efeitos globais — em escala, eficácia, produtividade, etc. — levando à distribuição racional dos recursos destinados a criar capacidade produtiva. Cada projeto tende a mudar a razão benefício/custo de todas e de cada empresa do sistema, pois a economia possui recursos finitos e o uso de recursos por uma empresa afetará o custo das outras que utilizam o mesmo insumo.

O projetamento busca encontrar um denominador comum para a razão benefício/custo, sob o ponto de vista econômico. Isso ocorre ao combinar serviços e bens capazes de gerar riqueza na forma de novos bens e serviços. Dessa maneira, é objetivo do projeto produzir, ou seja, atribuir utilidade a coisas que não a tinham ou aumentar a utilidade daquelas que já a possuíam. Rangel propõe chegar ao plano pelo projeto. Os projetos constituem a última parte de um programa coordenado de investimentos, qualquer que seja o seu objetivo ou destino (governo ou setor privado). Porém, na prática, os projetos são elaborados sem estarem incorporados a um plano global - aperfeiçoar os mecanismos de aumento do produto per capita, lançando uma ponte entre o presente e o futuro. Os projetos referem-se a uma ação específica e não ao conjunto da economia, pois, normalmente, visam a racionalizar a aplicação de recursos de forma descentralizada. Pode ser usado no planejamento de longo prazo de uma empresa específica, por exemplo, sem com isso fazer parte de um plano nacional de desenvolvimento. Pode também acontecer de os projetos servirem de instrumento de análise para empresas privadas, mas os recursos necessários ao empreendimento serem oferecidos parcialmente pelo investidor e parcialmente pelo Estado. Nesse caso, o Estado fornecerá os incentivos necessários para que os projetos de investimento sejam indiretamente induzidos para, na implantação, atenderem à sua estratégia de investimento.

Rangel critica a visão que está na base de muitas análises, em que o barateamento do trabalho é a principal condição para aumentar o investimento. O equívoco desse raciocínio está em que não considera o fato de que o trabalho não é o único insumo do capital. Este último, como todo produto, resulta de uma combinação de fatores: terra, trabalho e capital. Rangel diz que "para haver estímulo à inversão, é mister que relativamente o capital se torne mais barato que os fatores a substituir. Noutros termos, o capital terá que competir com a terra e com o trabalho para encontrar aplicação, desalojando-os parcialmente das combinações de fatores" (ibidem, p. 439).

O projetista ou planejador trabalha com hipóteses relativas à estrutura da futura demanda, extrapolando as tendências "históricas": se projeta a demanda futura de cada bem. O planejador opera à base desta projeção futura. O projeto cria sua própria demanda. A demanda global varia de acordo com o investimento, se os capitalistas gastam ou não além de suas necessidades correntes de consumo. Isso pode ser estimulado porque "os preços em dinheiro dos fatores e dos produtos — expressos em receita e despesa das pessoas e das empresas — são algo que o Estado pode modificar e modifica diuturnamente. Não são, para o Estado, o que são para a firma, dados objetivos, externos, mas fruto de contingências da distribuição do projeto social" (ibidem, p. 388). Além disso, o Estado pode realizar o melhoramento da estrutura da economia, fortalecendo mecanismos de financiamento e combinação dos fatores com maior benefício possível. Este processo não é perseguição do equilíbrio, mas introdução de causas de novos desequilíbrios de natureza especial (ibidem, p. 378). Estas mudanças têm duas formas: 1) mudança tecnológica e 2) redistribuição e realocação dos recursos sociais entre as diferentes indústrias. O projetista deve levar em conta a simultaneidade e a alternância das relações externas e internas, para um movimento articulado com os movimentos da economia mundial, marcadamente os ciclos de Kondratiev.

4.

Em seu quinto livro, *Recursos ociosos e política econômica*, de 1960, Rangel versa sobre as capacidades produtivas ociosas e o melhor aproveitamento que se deveria dar a essa capacidade de produção. O planejamento começa necessariamente pela identificação da existência dos recursos ociosos na economia. Principalmente nos países subdesenvolvidos, onde as crises que afetam o capitalismo mundial têm grandes e impactantes reverberações em suas economias e onde as desigualdades regionais são um empecilho ao desenvolvimento. Para Rangel, os recursos ociosos são uma possibilidade de se obter um adicional para a economia nacional, de modo que, se bem aproveitados, significariam um elemento importante para o enfrentamento das crises mundiais e seriam, também, um elemento necessário ao estímulo ao consumo e à maior integração dos mercados — integração esta que resultaria no desenvolvimento de regiões menos desenvolvidas.

O planejamento deveria dar conta de identificar os setores da economia que apresentavam recursos ociosos e, a partir dessa identificação, desenvolver um plano para que esses recursos fossem aproveitados de uma maneira que resultasse em um incremento adicional para a economia e que servissem para melhor integrar os mercados, fortalecendo áreas menos desenvolvidas bem como fazer frente às crises do capitalismo mundial que tanto impactavam nas economias dos países subdesenvolvidos. Além disso, o combate aos recursos ociosos significaria também um combate aos monopólios, um estímulo ao consumo e representaria também uma maior integração das regiões brasileiras, ou seja, dos mercados nacionais, resultando no desenvolvimento de regiões que eram menos desenvolvidas.

Para Rangel, é preciso reconhecer os recursos adormecidos que precisam ser mobilizados para pólos de anti-ociosidade. Como pólos de anti-ociosidade, pode-se citar a aplicação dos recursos ociosos em educação, infraestrutura, saúde, mobilidade urbana, saneamento básico e diversos outros setores constantes no projeto do país para o desenvolvimento de longo prazo, construindo assim, um novo modelo de planejamento e decisão centrado em um Estado forte, mas respeitando regras da economia de mercado.

Rangel estabelece que o projetamento deve partir, em cada momento, da identificação dos recursos ociosos. A economia do projetamento vai além da elevação genérica das taxas de emprego, principalmente nos serviços, deixando que a inércia desindustrializante continue. Trata-se de criar planos capazes de estabelecer uma política governamental de adensamento das cadeias produtivas industriais, a única forma de sustentar um crescimento econômico sólido. Enquanto o caminho neoliberal envolve superávit primário elevado, juros altos, privatização dos ativos estatais, arrocho salarial, estagnação econômica e desemprego como instrumentos de combate à inflação, na economia do projetamento se concentram reformas destinadas a aumentar o papel e os investimentos do Estado na indústria e nos serviços públicos, aprofundar a participação democrática das classes populares nas decisões do Estado e democratizar a economia, desmantelando os monopólios e oligopólios. É possível implementar reformas projetamentais, mesmo não superando o capitalismo, mas intensificando o desenvolvimento das forças produtivas e para o aumento quantitativo e qualitativo da classe trabalhadora assalariada e de sua fração industrial na sociedade, contribuindo para melhoria das condições de vida da maioria do povo com a constituição de uma grande classe trabalhadora (industrial, agrícola, comercial e de serviços), capaz de se contrapor à burguesia e ao capitalismo, exercendo hegemonia na sociedade e no Estado, disputando o poder sobre a economia, em convivência complexa de diferentes forças produtivas e diferentes relações de produção na transição de um tipo de sociedade para outro.

Para Rangel, desenvolvimento requer planejamento. A base para um bom planejamento é a mobilização dos recursos ociosos existentes no sistema produtivo. Sempre afirmando a existência de ondas cíclicas recorrentes de expansão e retração no médio e no longo prazo (ciclos de Kondratiev), ele defendia que nas fases ascendentes dos ciclos médios o planejamento deve mobilizar recursos ociosos nos elos fortes da economia para construir as novas frentes de expansão nos elos fracos. Em um contexto de crise que ele associava à fase descendente do quarto ciclo de Kondratiev e ao amadurecimento da nova dualidade brasileira, apresentou propostas que visavam a preparar um novo ciclo expansivo de longo prazo. Tratava-se, basicamente, de quatro grandes medidas: (a) uma nova organização do campo; (b) a privatização dos serviços de utilidade pública; (c) o desenvolvimento do capital financeiro nacional e estatal; (d) a organização estatal do comércio exterior. Essas transformações permitiriam que se estabelecessem novas relações com as economias centrais, tornando-se capaz de crescer na contramão delas, como ocorrera na fase descendente do ciclo de Kondratiev.

5.

Também encontramos comentários de Rangel sobre o projetamento em artigos posteriores, das décadas de 1960, 1970, 1980 e começo de 1990.

Em "futurologia, tecnologia e economia", de 1969, Rangel enfatiza que toda ciência é uma futurologia. A própria história não faria sentido "para lançar luz sobre o futuro" (2002, volume II, p.350). A ciência econômica, por meio do projetamento, "demonstra sua veracidade e nos ajuda a influir conscientemente na modelagem do próprio futuro".

> Na vida real não há fenômeno econômico desligado do fenômeno social total — vale dizer, simultaneamente ético, jurídico, político e até estético e religioso, por um lado, e científico e tecnológico, por outro. Isso quer dizer que o desenvolvimento econômico futuro não pode ser inferido, por mais rigoroso que seja o método empregado, por mais exaustivas que sejam as informações disponíveis, das séries econômicas representativas da evolução pretérita. Não que o comportamento futuro da economia seja indiferente a seu comportamento pretérito, mas porque o impulso econômico pretérito muitas vezes só se transmite ao futuro através de mudanças institucionais e outras — isto é, não econômicas — por ele introduzidas (idem, p. 351).

No artigo "Controle Populacional", de 1969, Rangel defende que "chegou agora a época em que, no processo geral de recondicionar o planeta de acordo com as conveniências da sociedade humana, se torna imperativo tudo planificar, inclusive o próprio suporte biológico dessa sociedade, isso é, as dimensões da humanidade" (ibidem, p. 388). Rangel fala que as decisões das famílias não são indiferentes às condições sociais em que vivem e se desenvolvem, mas que estes caminhos são mal conhecidos. Enquanto no regime feudal o modo típico de expansão das forças produtivas consistia na expansão populacional, num movimento da sociedade movido pelo interesse interno e constante pela expansão do estoque demográfico, no capitalismo e no socialismo esta situação tende a mudar quando o número de trabalhadores deixa de ser fator limitado da capacidade social de produção, por parte permanecer sub ou desempregada, "passando a produção a depender muito mais da qualificação dos trabalhadores disponíveis e da expansão do instrumental que, combinada com aquela da qualificação, responde pela conversão das potencialidades da tecnologia em capacidade de produção efetiva" (ibidem, p. 391). O produto efetivo pode crescer pela expansão da capacidade existente ou pelo melhoramento.

Em *O Brasil e a revolução tecno-científica*, de 1979, faz alguns comentários sobre o planejamento tecno-científico. Ele parte da noção de desequilíbrio inerente à economia para incluir o plano como forma de fazer frente aos problemas relacionados aos ciclos longos e curtos.

> Seria equivocado supor que a sociedade humana encontra-se em equilíbrio estável e que os progressos técnicos e científicos apenas para organizar a passagem a outro equilíbrio, também estável, mas em plano superior. A verdade é que a sociedade humana, vista em seu conjunto, encontra-se num plano inclinado, do qual é absolutamente necessário retirá-la. O planejamento com vistas ao emprego sensato dos recursos e à criação de novos — dado que eles são uma função da tecnologia — emerge como imperativo absoluto. Aproxima-se o dia em que o planejamento, pelo menos no tocante a certos problemas específicos, terá que ser empreendido em escala planetária, o que suscita graves problemas, dado que somente em escala nacional — e nem sempre — tem sido possível planejar (ibidem, p. 381)

Em *A Economia dos anos 1980*, publicado em 1979, Rangel comenta as relações entre tecnologia e conjuntura, destacando que o capital fixo do sistema é o motor econômico.

> Os movimentos implícitos governam a oferta e a demanda globais: a oferta, visto condicionarem a produtividade do trabalho e a capacidade produtiva social; a demanda, visto ser esta alimentada, em última instância, pelos pagamentos aos fatores usados, notadamente, a mão de obra. Ora, as inovações tecnológicas desempenham decisivo papel nesse processo, dado que costumam ser a precípua razão das aludidas renovação e expansão do capital fixo. É sabido que esses dois processos — formação de capital e criação de condições para inovações tecnológicas — condicionam-se mutuamente (ibidem, p. 364).

Rangel aponta que no capitalismo este mútuo condicionamento "não se faz linearmente, mas através de vagas sucessivas, com altos e baixos". Existem períodos em que o repertório de tecnologias parece ilimitado, causando um processo de renovação e expansão do capital fixo do sistema, em outros momentos o processo se esmorece, pois a capacidade produtiva criada à base tecnológica já amadureceu e encontrou os limites do mercado (ibidem, p. 364). Rangel aponta que, com o projetamento, "é possível que se modifique em maior ou menor medida esse comportamento da economia moderna, conferindo ritmo mais regular ao processo de amadurecimento de novas técnicas e regulando a distribuição de renda" ibidem, p. 367).

Em *O Brasil na fase B do quarto Kondratiev*, de 1981, Rangel faz comparações entre Japão e URSS. As virtudes do planejamento econômico primeiro foram comprovadas no processo da simples aceleração do desenvolvimento. No início dos anos 1980, o Japão despontava como país que mais crescia, estando na iminência de superar diversos países capitalistas do centro. Rangel pergunta: por que o Japão estava sendo capaz de ultrapassar, em alguns setores, a URSS? Responde dizendo que "a eficácia do planejamento não se pode medir apenas em termos de taxas anuais de crescimento", mas também aponta seu receio:

> A superação das flutuações econômicas de prazos curtos e médios, pela via de um planejamento bem-fundamentado, parece ser uma conquista já assegurada. As flutuações de longo prazo, isto é, o ciclo de Kondratiev, somente poderão ser superadas por uma rigorosa disciplina de introdução de nova técnica, de modo a preservar suficientes oportunidades de inversão que possam ser portadoras da técnica novíssima. Isso levanta complexos problemas, especialmente os relacionados com a necessidade de fazer coexistirem 'pacificamente' unidades produtivas de diferentes idades, cristalizadoras de tecnologias não coetâneas, condicionando custos de produção muito díspares. Trata-se de fazer com que unidades produtivas de vanguarda coexistam com unidades marginais, sem esmagá-las, até que o planejador julgue chegado o momento de substituí-las por outras, portadoras de uma nova tecnologia sempre mais nova. Se alguma economia planificada já

> resolveu esse problema, retirando ao desenvolvimento o caráter espasmódico que tem sido, inclusive através dos ciclos longos, é o que vamos ver agora, quando se abre para a economia capitalista mundial a fase B do quarto ciclo de Kondratiev (ibidem, P. 268)

Em *Estatismo versus privatismo*, de 1984, Rangel aborda novamente as relações entre o setor público e privado. Criticando aqueles que acreditam que uma economia totalmente privada seja possível ou desejável, aponta que o sistema econômico é um organismo, que não pode operar se algum de seus órgãos estiver inativo. Considerando que nem sempre a empresa privada tem interesse por todas as atividades essenciais, exige-se que o Estado se estruture implantando a coordenação necessária para investimentos com efeitos globais sobre a economia (ibidem, p. 417).

Em *Do ciclo ao plano*, de 1986, Rangel aponta que, após a Segunda Guerra Mundial, a ideia de planejamento ganhou em todo o mundo imensa popularidade. O desempenho da URSS e outros países por meio da intervenção estatal ganha destaque pelos grandes êxitos. Entretanto, com a Guerra Fria, qualquer referência aos soviéticos era vista no interior deste conflito. Após uma singular prosperidade entre 1948 e 1973, se retoma o debate sobre os ciclos econômicos, em especial do ciclo de Kondratiev visto sob o prisma de Schumpeter.

> Mas os fatos são teimosos e, depois de 1973, voltou à moda falar em Kondratiev. Afinal, se estamos em depressão, é consolador pensar que não há mal que sempre dure, embora sua recíproca, isto é, que também há bem que nunca se acabe, seja menos palatável. Se esta depressão é cíclica, isso significa que daqui uns anos teremos um novo período de vacas gordas, isto é, que podemos descartar a teoria leninista da crise geral (ibidem, p. 475).

Rangel diz que uma atitude fatalista sobre os ciclos é o pior. É preciso compreender, ter um conhecimento mais seguro e preciso para intervir neles. De forma gradual, em etapas definidas, que levem os ciclos a perderem "seu inconteste império sobre nossa vida" (ibidem, p. 477). Comentando sobre as transformações da economia brasileira, Rangel escreve que:

> Desde já podemos ir vislumbrando alguns caminhos e atalhos desse progresso, mas muita coisa deve ser pesquisada ainda. Certas coisas, entretanto, podem ser tomadas como certas, desde já. Por exemplo, o setor estatal do sistema perderá posições, mas ganhará outras, do mesmo modo como os ganhos que o setor privado está a pique de obter — especialmente a privatização de certos serviços — não serão liquidados, porque, no interesse do mesmo setor, privado, o Estado deverá assumir certas posições estratégicas, no comércio exterior e no próprio aparelho de intermediação financeira. Essas mudanças se me afiguram propícias a uma intervenção eficaz e sistemática na economia, intervenção essa que irá predispondo o país para o planejamento de certos aspectos estratégicos do sistema (ibidem, p. 477).

No artigo *O quarto ciclo de Kondratiev*, de 1990, Rangel relembra que os longos ciclos não são processos meramente econômicos, mas um processo social total, potencial universal, muito complexo, no qual a economia é a espinha dorsal. As relações entre o longo e o curto prazo são um dos mais espinhosos problemas com que se defrontam os economistas e outros cientistas. Os ciclos longos duram décadas e os breves ou médios têm duração variável, entre 7 e 11 anos. O que se torna ainda mais complicado considerando que mudanças institucionais — das relações de produção — de um país podem abrir um período de implantação de tecnologias já provadas em outros países, porém novas para ele. Uma vez introduzidas mudanças institucionais, capazes de mobilizar um grupo de atividades econômicas e de promover seu desenvolvimento, elevam-se as taxas de formação de capital, dos setores prioritários e da economia como um todo (ibidem, p. 705).

Rangel compara o Brasil com a URSS, primeira nação que tentou a superação da anarquia da produção, o que alguns chamam de economia livre.

> Tanto nós, os marxistas revolucionários brasileiros, como nossos mentores da III Internacional, estávamos convencidos de que nossa crise nacional era meio incidente da crise geral do capitalismo — uma flutuação econômica peculiar, sem retorno, isto é, não cíclica. Passar-se-iam muitos anos antes de que nos apercebêssemos — aqueles que já aperceberam disso, que não são todos, nem mesmo muitos — que, a um primeiro ciclo recessivo, os anos 1930 acrescentariam um segundo ciclo próspero. E não uma prosperidade acidental, mas sim intensa e sustentada, que conciliaria nossa industrialização da terceira dualidade com fases recessivas de ciclos breves, aproximadamente decenais, parentes do ciclo de Juglar (ibidem, p. 743)

Rangel assevera que tanto Brasil como URSS dos anos 1930 passaram por mudanças institucionais, não as mesmas, mas que possibilitaram saltos econômicos espetaculares, cuja fórmula geral é: "um esforço para a formação de capital, orientado para a aplicação da tecnologia já amadurecida nos países de vanguarda, pelo uso do potencial ocioso já acumulado, à espera de inovações institucionais que o ponham em evidência" (ibidem, p. 748).

Rangel critica os programadores soviéticos por acreditarem estar ilesos dos impactos do ciclo recessivo aberto em 1973: "como o programador socialista não admitia sequer a possibilidade de sua economia estar sujeita a esse movimento, não é de admirar que, somente passados vários anos da fase B de Kondratiev, começasse a definir-se, muito desajeitadamente, a consciência do fenômeno, inclusive da crise que, de ambos os lados da cortina de ferro, assumiria formas francamente depressivas, na economia mundial (ibidem, p. 752). Entre 1973 e 1988, quase todos os países sociais tiveram seu crescimento severamente desacelerado. Diante da incapacidade de conduzir as reformas adequadas, "em vez de conduzir à busca de formas novas e superiores de planejamento — num momento em que, até mascarando-se de um liberalismo muito discutível , o planejamento propaga-se por todo o mundo capitalista — tomou a forma retrógrada de busca de uma economia de mercado que, muito provavelmente, nunca houve, em parte alguma do mundo (ibidem, p. 753).

Mudanças institucionais adequadas promovem a retomada enérgica do crescimento. Enfatiza que "a experiência brasileira deve estar sendo aproveitada por outros países subdesenvolvidos em seus próprios planejamentos, a começar pela Índia e pela China". Rangel cita os 'tigres asiáticos' como exemplo de países mais dinâmicos da economia mundial, tanto das chamadas 'economias de mercado' como remanescentes dos países de "economias centralmente planificadas". Prescreve que "a experiência dos tigres deve ser estudada com cuidado pelo programador brasileiro" pelas surpreendentes mudanças institucionais, aplicação prática de tecnologia já amadurecida de outros países e pelo emprego de potencial produtivo ocioso (ibidem, p. 748). Rangel aponta que estas questões não estão presentes nos países mais desenvolvidos, que já cristalizaram em seus parques produtivos a tecnologia amadurecida, o que quer dizer que somente inovações institucionais de novo tipo — a exemplo de formas inéditas de planejamento — podem abrir a porta para um novo surto de formação de capital (ibidem, p. 749). Porém, tanto para países mais ou menos desenvolvidos, o projetamento e "formas inéditas de planejamento" visam à superação da crise do ciclo longo em conjunto com a do presente ciclo médio[1].

Num de seus últimos textos, *As crises gerais*, de 1992, Rangel apresenta o projetamento como "maneira de fugir da anarquia da produção". Ele critica os "protoplanejadores soviéticos" por terem acreditado que estavam livres dessa anarquia, não compreendendo ou aceitando que também estavam influenciados pelos

---

[1] Contra o planejamento setorial defendido por Roberto Campos, Rangel argumentava em favor de um projeto global que encarasse a economia como uma totalidade. O projetamento pode ser realizado em diferentes espaços, como planejamento estadual e municipal, gestão intersetorial e territorial, dinâmicas de transformação socioeconômica, estudos sobre priorização e aprimoramento de projetos, planos de longo prazo, formas de monitoramento de políticas públicas. As secretarias municipais, associações, organizações sociais, entidades, bem como empresas privadas em diversas escalas, podem projetar, usar técnicas para se desenvolver por meio do projetamento. O geógrafo Milton Santos, em suas pesquisas urbanas, por exemplo, baseou-se na perspectiva de Rangel, compreendendo os espaços vazios da cidade como setor ocioso.

ciclos longos e curtos (idem, p. 758). Num contexto de "crises gerais", a superação "deverá fazer-se sob a forma de novas variantes de planejamento" (ibidem, p. 762).

Podemos dizer que, para Rangel, o projetamento é o axioma do caminho socialista. Resgatar a capacidade de planejamento faz parte de qualquer projeto nacional soberano. Quem não planeja, é planejado, como dizem. Não se trata apenas de um recurso técnico, mas de um caminho organizacional da sociedade, dando coerência a políticas públicas, evitando medidas erráticas e se prevenindo das ações irracionais do mercado e das grandes potências. O projetamento posterga os elementos que levam a crises gerais, os ciclos descendentes de Kondratiev, apesar do desafio permanente de definir prioridades claras e corretas, escalonadas no tempo, com a devida programação, com metas realistas de curto, médio e longo prazo, desenvolvendo fontes de financiamento e controle, para autorreprodução e desenvolvimento sustentável.

ASCENSÃO E QUEDA DO PROJETAMENTO BRASILEIRO

Na história do Brasil existiram três ciclos de projetamento. Cada um tem características diferentes, situado em momentos históricos distintos e enfrentando desafios diversos. Porém, apesar das diferenças, os três ciclos mantêm algumas similaridades, em especial a tentativa de construir um capitalismo nacional. Foram três ondas de "projetamento", combinando transformações estruturais (industrialização, modernização agrária, alterações na inserção externa, fortalecimento do capital financeiro) com uma abordagem macrodinâmica vinculada à dialética da capacidade ociosa e dos ciclos econômicos, com o Estado e o planejamento como facilitadores e amplificadores de um processo histórico mais geral de desenvolvimento.

Pelo menos desde 1930, o Brasil vive movimentos cíclicos entre um capitalismo nacional e o capitalismo associado, numa integração liberal subordinada aos Estados Unidos. É uma disputa entre a importância absoluta ou relativa das grandes multinacionais e do poder executivo na execução de projetos nacionais, entre o predomínio de tendência nacionalista ou internacionalista. Governos mais nacionalistas enfrentam mais instabilidade como resultado de avanços reformistas. Eles não conseguiram — até hoje — romper este ciclo pendular, sendo encerrados por interesses exógenos. Quando se avança a um projeto nacional de longo prazo, que aponte para um bloco histórico nacionalista, vem um golpe que rompe o ciclo, atrasando o desenvolvimento por anos, senão décadas.

A primeira onda remonta à política promovida por Getúlio Vargas após a revolução de 1930, incorporação da contabilidade no planejamento e a realização de planos setoriais. Com o Estado Novo, em 1937, Getúlio aprofunda essas medidas com a criação da indústria de base, nacionalização de fontes de energia, nacionalização dos bancos estrangeiros e companhias de seguros, elaboração de um projeto de integração para os transportes, diversificação das exportações e um plano de desenvolvimento para a região do rio São Francisco. A partir de 1937, iniciou-se um sistemático processo de industrialização do Brasil, baseado na forte intervenção econômica do Estado na economia e na substituição de importações. Durante o Estado Novo (1937-1945), foram criados institutos de ramos econômicos, como o Instituto do Café, o Instituto do Açúcar e do Álcool, entre outros, além de órgãos de coordenação como a Carteira de Crédito Agrícola e Industrial (1937), o Instituto Brasileiro de Geografia e Estatística - IBGE (1938), o Conselho Nacional do Petróleo (1938), a Comissão de Planejamento Econômico (1944) etc., sistematizando com essas divisões a execução e planejamento da política econômica. Para criar as condições gerais de produção do processo de industrialização, o Estado Novo investiu grandes somas de capitais em empresas estatais nos setores de siderurgia (Cia. Siderúrgica Nacional, Volta Redonda/ RJ, 1940), mineração (Cia. Vale do Rio Doce, MG, 1942); mecânica pesada (Fábrica Nacional de Motores, RJ, 1943), química (Fábrica Nacional de Álcalis, Cabo Frio/RJ, 1943) e hidrelétrica

(Cia Hidrelétrica do Vale do Rio São Francisco, 1945). O objetivo, nesses setores, era fazer os investimentos de capitais que a burguesia era incapaz de realizar, mas que eram de suma importância para o processo de industrialização, por criar condições de funcionamento a inúmeras empresas industriais, que necessitavam de energia elétrica, transformação de metais, elementos químicos, entre outros, para a continuação de suas atividades produtivas. A Carteira de Crédito Agrícola e Industrial do Banco do Brasil, criada em 1937, responsável por prover empréstimos com juros baixos para a compra de máquinas e equipamentos, cumpriu um papel de banco de desenvolvimento enviesado para o setor industrial.

Em 1938, foi criado o Conselho Nacional do Petróleo, que realizava a política petrolífera de estruturação e regulamentação da exploração do petróleo. No contexto de disputa por essa commodity, esse passo foi crucial para a monopolização estatal do setor, o que se relacionava com o controle sobre os preços dos combustíveis para obter um controle indireto do nível de preços do transporte. Outra criação deste ano foi o Instituto Brasileiro de Geografia e Estatística (IBGE), instituição de importância para a elaboração de censos, relatórios e pesquisas de cunho social, econômico, geográfico e estatístico, que reforça a ideia de Vargas de fortalecimento dos recursos humanos e pesquisa científica, visando maiores informações nacionais.

Em 1939, foram criados o Plano de Obras Públicas e Aparelhamento da Defesa Nacional e o Conselho Nacional de Águas e Energia. O primeiro se comprometia com a criação das indústrias básicas e obras públicas, além do aparelhamento da defesa nacional. O segundo buscava a exploração do uso de energia elétrica, um elemento determinante para o desenvolvimento de infraestrutura para o país. Além destes, não podemos deixar de mencionar o Departamento de Imprensa e Propaganda (DIP), o qual era o mecanismo de propaganda dos ministérios e departamentos do governo, servindo como instrumento de promoção do chefe do governo e das autoridades como um todo. Também foi nesse ano que a implantação da Justiça do Trabalho, os benefícios de salário mínimo e estabilidade adquirida foram consolidados, o que marcaria a legislação trabalhista brasileira.

Em 1940, foram implantadas a Comissão de Defesa da Economia Nacional e a Comissão Executiva do Plano Siderúrgico Nacional. O primeiro se relacionava com o levantamento dos estoques, o fomento à exportação e acordos com empresas estrangeiras sobre transporte. A segunda elaborava metas de produção e financiamento, além de ter sido responsável pela concretização da Usina de Volta Redonda. Já em 1941, foram criadas companhias estatais e departamentos voltados intensamente para a infraestrutura: Companhia Hidrelétrica de São Francisco, Companhia Siderúrgica Nacional, Conselho Nacional de Ferrovias e Comissão de Combustíveis e Lubrificantes. O Serviço Nacional de Aprendizagem Industrial (SENAI) serviu como aperfeiçoamento técnico voltado para a indústria. Junto com a Comissão Vale do Rio Doce, foi originado em 1942. Já a consolidação das leis trabalhistas, a Usina Siderúrgica de Volta Redonda, o Plano de Obras e Equipamentos e a Coordenação de Mobilização Econômica foram todos concebidos ao longo de 1943. Essa última tinha por incumbência o controle e supervisão das empresas estatais e privadas, tentando sofisticar a economia brasileira mediante a entrada do país na guerra. Era dividida em algumas repartições como produção industrial, observatório de preços e licenciamento dos produtos importados, mas também se debruçou sobre a produção agrícola, os cuidados com o mercado interno e o combate à inflação. Em 1944 e 1945, foram criados o Conselho Nacional de Política Industrial, a Comissão de Planejamento Econômico e a Superintendência da Moeda e do Crédito (SUMOC). Diversos setores nascentes a partir desse contexto foram consolidados e fizeram florescer novos setores que também evoluíram desde então, pois os avanços produtivos iniciais impulsionaram novos avanços produtivos posteriores, reverberando por toda era da industrialização (1937-1980).

Após o golpe que destituiu Getúlio por meio de setores militares e empresariais ligados aos Estados Unidos em 1945, convencidos de que a “defesa hemisférica” era mais importante que o desenvolvimento nacional, veio o governo Café Filho realizando uma agenda liberal, liquidando diversas conquistas do Estado Novo. Com a eleição de 1950, Getúlio volta ao Catete e, por meio de sua Assessoria Econômica, impulsiona novamente o projetamento, com a formação de grandes estatais como Petrobrás, Eletrobrás e Banco Nacional de Desenvolvimento. Após um cerco das classes dominantes, Getúlio se suicida em 1954, deixando a maior herança que um estadista produziu na história do Brasil (até hoje inclusive), com a construção das bases do Estado Nacional, instrumentos de projetamento da economia, sem contar os direitos trabalhistas e os avanços em termos de unidade e cultura nacional.

Depois de conturbada transição política, assume Juscelino Kubitschek com seu Programa de Metas, continuando uma política industrial visando uma agressiva atração de investimentos externos na área mecânica, entre outras, conformando estatais e bancos públicos como instrumentos do planejamento. Mantendo marcos do getulismo, JK integrou o território brasileiro com rodovias e estruturou uma cadeia produtiva com duas mil empresas nacionais de autopeças, o que veio a transformar o Brasil na década de 1980 no maior parque metal mecânico do mundo. O Programa de Metas se concentrava em 31 metas, distribuídas em 6 grupos: energia, transportes, alimentação, indústria de base, educação e construção de Brasília. A principal meta do Plano era a de promover a industrialização do país, com crescente participação do Estado, das empresas nacionais e internacionais e do capital estrangeiro, que passou a desfrutar de uma posição privilegiada. Diferentemente da primeira parte do decênio, no governo Getúlio, o governo JK avança no projetamento com objetivos setoriais e maior intensidade do esforço desenvolvimentista.

Diante do ascenso de massas em torno das lutas do governo João Goulart, os Estados Unidos em conjunto com setores da classe dominante local organizam o golpe de 1964, perseguindo forças trabalhistas e populares. Ao assumir como presidente da República, o Marechal Castelo Branco nomeia Roberto Campos como Ministro do Planejamento e Octávio Gouveia de Bulhões,

Ministro da Fazenda, ficando os dois responsáveis por elaborar e executar um programa para o período de 1964 a 1967. O PAEG — Plano de Ação Econômica do Governo — foi lançado em agosto de 1964 e tinha como meta conter o processo inflacionário e preparar as bases para o crescimento econômico de longo prazo. O Banco Central do Brasil (BC) é criado em dezembro de 1964, em 1965 é reaberto o Ministério do Planejamento, criado em 1962 pelo governo de João Goulart, e em 1964 é criado o Banco Nacional de Habitação (BNH), que após o fim da estabilidade no emprego promovida pelos militares tem o reforço do aporte do Fundo de Garantia por Tempo de Serviço (FGTS), que será vinculado ao Banco Nacional de Desenvolvimento Econômico (BNDE) para promover empréstimos de longo prazo. O Imposto Sobre Produtos Industrializados (IPI) passa a substituir o imposto sobre consumo. Transfere-se o imposto de exportação da esfera estadual para a União e o Imposto Sobre Operações Financeiras (ISOF/IOF) entra no lugar do imposto do selo. Para diminuir o déficit público, o PAEG atuou com corte nos gastos públicos, aumento da carga tributária aumentando a captação de recursos da União e contendo a demanda por bens e serviços, visando combater a inflação em suas próprias raízes. O governo federal promoveu, através da reforma tributária, consolidada em 1966, o aumento de seu poder arrecadatório e a centralização das decisões em detrimento dos Estados, que ficaram mais dependentes da esfera federal e de recursos externos.

Com o desenrolar do golpe, em 1968, se instaura o AI-5, num período de uso aberto das técnicas de ditadura, incluindo censura, sequestros, tortura e desaparecimentos. É o período chamado de "milagre econômico", onde foi desenvolvido o PND I (Primeiro Plano Nacional de Desenvolvimento), com foco no fomento à produção de bens de consumo duráveis (eletrodomésticos, automóveis etc.), marcado por elevadas taxas de crescimento econômico, alavancadas por condições econômicas internacionais favoráveis. Em 1971, o presidente dos Estados Unidos, Richard Nixon, anunciou o fim do padrão ouro para o dólar e a moeda estadunidense sofre uma desvalorização, causando uma crise monetária. Em 1973, com a crise do petróleo e a quadruplicação de seu preço, se detona uma crise de grandes proporções que afeta diretamente o Brasil.

Mantendo a ofensiva terrorista de Estado contra organizações populares, Ernesto Geisel, encaminha a partir de 1974, o II PND como uma resposta à crise mundial. O II PND passou a salientar o incentivo à geração de energia e à produção de insumos básicos (petróleo, alumínio, aço etc.), sendo um ambicioso programa de reformas e metas de investimento, priorizando o aumento da capacidade energética e da produção de insumos básicos e de bens de capital. A projeção do governo era a de que em 1977 o PIB (Produto Interno Bruto) ultrapassasse a casa dos US$100 bilhões e que o Brasil se transformasse na oitava maior economia mundial. O Plano tinha como meta resolver os "gargalos" da economia brasileira, através de uma leitura de que a industrialização brasileira durante o "milagre econômico" havia sido "desequilibrada" e se fazia necessário completar o parque industrial brasileiro. No II PND não foram aplicadas tantas medidas tópicas, conjunturais, como redução de impostos, corte de juros ou oferta de crédito oficial subsidiado, mas, sim, um amplo conjunto de iniciativas, envolvendo o governo, o setor privado e o capital externo. Criaram-se inúmeras estatais para dar conta dos investimentos em infraestrutura. Foi a maior intervenção do Estado na economia na história deste território, somente comparada com o Estado Novo. O PND II foi o auge da segunda onda de projetamento brasileiro.

O plano garantiu taxas de crescimento expressivas, embora menores que no período 1969-1973. Em 1975, o PIB se expandiu 5,1%; em 1976, 10,2%; em 1977, 4,9%; em 1978, também 4,9%; e em 1979, 6,8%. O II PND, com a proposta de transformar o Brasil em um país potência, incentivou os investimentos industriais nos quais se beneficiaram principalmente as empresas transnacionais. Ele colocou o Estado, através de financiamentos e fortalecimento das empresas estatais, a reboque de tal política, com o fornecimento de bens e serviços que essas empresas demandavam na construção da hidrelétrica de Itaipu. Além disso, incentivou o endividamento externo, em uma situação de elevada oferta de divisas no mercado internacional e taxa de juros baixa, porém flexível. Quando no final da década de 1979 ocorre o segundo choque do petróleo e os Estados Unidos aumentam significativamente a taxa de juros em dólar, vem a política econômica de ajustamento a qualquer preço, para pagar a dívida externa e a economia brasileira capitula junto ao FMI, passando a fazer oficialmente a política econômica estabelecida pelo Fundo.

Paradoxalmente, a partir de 1974, durante o auge do segundo ciclo de projetamento, o Brasil com Geisel passou a sofrer uma crescente oposição dos Estados Unidos, da burguesia e dos trabalhadores, especialmente em São Paulo, mas também em outros estados. Percebendo o progressivo abandono das promessas dos Estados Unidos e as dificuldades de gestão liberal do Estado, começaram a implementar um programa de desenvolvimento nacional em condições ditatoriais, o que poderia rivalizar com os EUA. Geisel, Golbery e outros imaginavam que o Brasil teria um espaço natural entre as potências ocidentais, por sua cultura e laços com os Estados Unidos, que tomar o lado capitalista na Guerra Fria era suficiente para que suas políticas não fossem boicotadas. Com o choque no petróleo, foram forçados a criar mais laços comerciais e ter uma política externa mais autônoma, o que gerou um progressivo bloqueio dos Estados Unidos. O setor automotivo brasileiro competia diretamente com o setor automotivo dos Estados Unidos. E, por mais paradoxal que pareça, se em 1964 os Estados Unidos organizaram um golpe de Estado para bloquear o desenvolvimento nacional brasileiro e impor seus interesses, dez anos depois, com Geisel, os mesmos Estados Unidos passam a denunciar a ditadura e a tortura que ajudaram a implementar, apoiando iniciativas de democratização que viessem a facilitar a privatização do patrimônio nacional brasileiro para seus capitais, estrangulando o país por meio da dívida externa e defendendo a retirada dos militares do poder.

A tragédia geopolítica do Brasil é ser potencial ameaça permanente aos Estados Unidos, seu rival natural no hemisfério. Por isso, os EUA usam todo seu poderio para que os governos brasileiros sejam submissos e não tenham planos de desenvolvimento soberano de longo prazo. O melhor cenário é o caos que dificulte a realização de qualquer projeto nacional. A formação de capital e o soberano desenvolvimento tecnológico-militar são vistos como ataques diretos à sua dominação geopolítica e um obstáculo às empresas norte-americanas. Qualquer iniciativa que vise romper os monopólios, a construção de um sistema de defesa moderno, política externa autônoma, etc, faz com que se organizem ações coordenadas para desarticular as forças políticas e sociais que levem a cabo processos de transformação com vistas à emancipação nacional, usando meios legais e ilegais. Seu objetivo é aprofundar a dependência externa para manter as velhas classes dominantes servis aos interesses de Washington. Isso aconteceu na deposição de Getúlio em 1945, na pressão contra o governo democrático em 1954, no golpe de 1964, na cópia da democracia-liberal na década de 1970 e 1980, nos governos dependentes-liberais e no golpe contra Dilma.

Após a década de 1980 ser marcada pela estagnação econômica, denominada de "década perdida", com a vitória de Fernando Collor nas eleições de 1989 se aceleram reformas liberais visando "abrir a economia" para os grandes monopólios estrangeiros, expropriando-se os instrumentos estatais e orientação econômica, desnacionalizando a economia, intensificando a oligopolização, desmontando a capacidade de planejamento do governo federal e dos estados. Com as privatizações iniciadas com Collor e ampliadas com FHC, o governo brasileiro passou a não ter mais um forte grupo de estatais, capaz de permitir ao Estado atuar diretamente no comando da política econômica dos setores estratégicos. No plano dos estados também existe uma operação de desmanche da estrutura estatal, em especial por meio da privatização de bancos estaduais. A privatização do setor de telecomunicações, do sistema Telebrás, do setor de energia. Das 63 distribuidoras do país, 45 foram privatizadas, como a Light, do Rio de Janeiro, a Companhia Paulista de Força e Luz (CPFL) e a Eletropaulo, de São Paulo. Entre as 18 estatais, estão a Companhia Energética de Minas Gerais (Cemig), a Companhia Energética de Brasília

(CEB) e a Companhia Estadual de Energia Elétrica (CEEE), que atende consumidores do Rio Grande do Sul. A privatização do controle das telecomunicações, transportes, eletricidade e outros sistemas através de agências híbridas dificulta, senão impede, a realização de uma administração pública real desses setores.

Com a eleição de Lula em 2002, o governo passou a recuperar parte da experiência histórica de planejamento, que teve em grupos de trabalho, grupos executivos e empresas estatais de planejamento e execução os principais instrumentos de implantação das políticas de desenvolvimento industrial, nas quais a infraestrutura foi parte essencial. Dilma construiu um núcleo de projetamento importante nas Minas e Energia, que depois foi incorporado a outras dimensões do governo. O desmantelamento do planejamento estatal foi deixado de lado e se iniciou um processo de retomada do planejamento macroeconômico e macrossocial. Quando assumiu o governo, os órgãos responsáveis pelo planejamento estavam esvaziados e sem orçamento. A PITCE — Política Industrial, Tecnológica e de Comércio Exterior — assume a retomada de políticas desenvolvimentistas, se inserindo nos instrumentos de planejamento de médio prazo, nos planos plurianuais (PPA 2004-2007 e PPA 2008-2011), com um corpo articulado, programático, com metas e objetivos. Em torno dessas iniciativas articularam-se ministérios, empresas estatais, fundos de pensão e órgãos técnicos.

De modo geral, o governo Lula I inicia com uma política econômica bastante ortodoxa, com juros altos e elevados superávits primários (média de 3,5% do PIB em 2003-2006) para enfrentar desequilíbrios externos e o aumento da inflação, cujos efeitos contracionistas não foram tão sentidos em função do início do "boom de commodities" que favoreceu as exportações brasileiras. Todavia, deve-se considerar que algumas políticas domésticas cumpriram papel importante para aumentar a autonomia da política econômica, em particular a conjugação de uma política de acumulação de reservas internacionais a partir de 2005 (de US$ 28 bilhões em 2004 para 352 bilhões em 2011) e de redução da dívida pública externa (de US$ 136 bilhões em

2003 para 86 bilhões em 2006), o que fez o governo brasileiro ter posição credora em dólares a partir de 2007. O crescimento do mercado doméstico de massa foi estimulado tanto pela expansão do emprego — grande maioria no setor de serviços - como pela melhoria da distribuição de renda resultante de políticas governamentais e fomento ao crédito ao consumidor. A partir de 2006, o governo passou a adotar um conjunto de políticas menos convencionais, como acumulação de reservas cambiais, valorização do salário mínimo, aumento dos desembolsos do BNDES, plano para acelerar o crescimento econômico através de aumento do investimento público e privado em infraestrutura (PAC) em 2007, etc. Já a partir do contágio da crise financeira internacional desde setembro de 2008, um conjunto de políticas anticíclicas foram bem -sucedidas em enfrentar seus impactos sobre a economia brasileira: política de crédito via bancos públicos, desonerações tributárias para consumo de bens duráveis, aumento no investimento público, expansão do crédito direcionado via BNDES, criação de um programa de moradia popular "Minha Casa, Minha Vida", etc.

Dilma Rousseff toma posse em janeiro de 2011. No primeiro ano, adota uma política ortodoxa. Em 2012, avança na Nova Matriz Econômica para então recuar para políticas ortodoxas a partir de maio de 2013 e políticas fortemente contracionistas em 2015, até seu impeachment em 2016. Entre 2012 e início de 2013, Dilma realiza uma inflexão da política econômica com objetivo de transformar o tripé macroeconômico neoliberal. Criou-se a 'nova matriz econômica' baseada em cinco pilares: juros baixos baixos, crédito barato fornecido por bancos estatais bancos estatais, política fiscal expansionista expansionista, câmbio desvalorizado desvalorizado e reindustrialização por meio dos investimentos públicos, concessões e aumento das tarifas de importação tarifas de importação para 'estimular' a indústria nacional. Em última instância, a nova matriz econômica teve como elemento central tornar o setor público o principal protagonista no processo de desenvolvimento do país, por isso seu caráter desenvolvimentista.

André Singer, conhecido pela tese sobre o lulismo[2], publicou o artigo "Cutucando onças com varas curtas", na revista Novos Estudos[3]. Neste artigo ele apresenta os primeiros resultados sobre a corajosa ofensiva desenvolvimentista de Dilma no primeiro mandato. Diferentemente daqueles que acreditam na continuidade absoluta entre o governo Lula e Dilma, como se fossem idênticos, Singer aponta que Dilma deu importantes passos à esquerda. Ela optou por uma estratégia diferente daquela que o ex-presidente Lula tinha mantido até então e explicitou um confronto com o setor financeiro.

Depois de eleita, Dilma percebeu que a crise internacional continuava intensa e que a desaceleração global se espalhava pelo mundo. A crise econômica, iniciada nos Estados Unidos, se espalhou pela Europa, atingindo os países em desenvolvimento de diferentes maneiras. E o Brasil seria atingido inevitavelmente. Diante disso, Dilma resolveu agir fortemente, com uma série de medidas de grande impacto. Seu objetivo era crescer 5% por ano, para não acirrar os conflitos distributivos. A perda de velocidade eliminaria a margem necessária para combater a pobreza. Assim, tomou uma série de medidas visando reduzir juros, desvalorizar a moeda, melhorar saldos comerciais, controlar a inflação, dar aumentos salariais, fazer as obras de infraestrutura, políticas de transferência de renda e adotar medidas industrializantes. Numa ação coordenada, inexistente no período Lula, o Planalto realizou alterações que visavam a estimular a elevação da taxa de investimento da economia brasileira, por meio da redução do custo do capital (via redução da taxa de juros) e do aumento da competitividade da produção nacional nos mercados estrangeiros (via desvalorização do câmbio). Supunha-se também que a redução do retorno das aplicações financeiras pela redução da taxa de juros estimularia a transferência de recursos para atividades produtivas. O resultado seria suplantar o tripé econômico neoliberal para dar

---

[2] *SINGER*, André. Os sentidos do lulismo: reforma gradual e pacto conservador. São Paulo, Companhia das *Letras*, 2012.

[3] *SINGER*, André. "Cutucando onças com varas curtas: o ensaio desenvolvimentista no primeiro mandato de Dilma Rousseff (2011-2014)". *Revista Novos Estudos*, Julho, 2015.

um salto qualitativo na economia por meio de industrialização e distribuição de renda. Conforme a síntese de Singer (2015), na "nova matriz econômica" adotada entre 2011 e 2012 destacam-se as seguintes ações:

1. Redução dos juros. Apresentada como mudança "estrutural" e "fundamental" por Mantega, "a colocação das taxas de juros em níveis normais para uma economia sólida e com baixo risco" foi a principal batalha da nova matriz. O Banco Central minorou a taxa básica de juros de 12,5% para 7,25% ao ano entre agosto de 2011 e abril de 2013, tendo a taxa Selic alcançado o valor mais baixo desde a sua criação em 1986. Considerando-se a inflação de 6,59%, acumulada em doze meses, o juro real chegou a menos de 1% ao ano (0,619%, precisamente) no final do ciclo. De campeão mundial de juros, o Brasil passou a ter "níveis considerados baixos", compatíveis com os praticados nos centros capitalistas avançados. Para "normalizar" o custo do crédito, o Executivo pressionou os bancos privados a baixarem também os spreads. Em complemento à operação "juros civilizados", Dilma alterou as regras de remuneração da caderneta de poupança em maio de 2012, de modo a permitir que o Banco Central seguisse na redução da Selic.
2. Desvalorização do Real. O câmbio valorizado foi o segundo objeto principal da nova matriz. A partir de fevereiro/março de 2012, o BC agiu para desvalorizar a moeda de, aproximadamente, 1,65 real por dólar, patamar no qual se encontrava ao final do segundo mandato de Lula, para 2,05 reais, alcançado em maio de 2012, numa queda de 19,52%.
3. Uso intensivo do BNDES. O BNDES estabeleceu robusta linha de crédito subsidiado para o investimento das empresas por meio de repasses recebidos do Tesouro. O primeiro aporte, de 100 bilhões de reais, havia ocorrido em 2009, mas teve expansão significativa no primeiro mandato de

Dilma, chegando a 400 bilhões de reais. Assim, foi potencializado o Programa de Sustentação do Investimento (PSI), dirigido à "produção, aquisição e exportação de bens de capital e inovação tecnológica".

4. Aposta na reindustrialização. Em agosto de 2011, Dilma lança o Plano Brasil Maior, política industrial para "sustentar o crescimento econômico inclusivo num contexto econômico adverso". São medidas que vão da redução do IPI sobre bens de investimento à ampliação do MEI (Microempreendedor individual). A proposta era que o BNDES investisse quase 600 bilhões de reais na indústria até 2015.
5. Desonerações. Em abril de 2012, é anunciada a desoneração da folha de pagamentos para quinze setores intensivos em mão de obra. No seu auge, em 2014, a desoneração atingiria 42 setores e pouparia cerca de 25 bilhões de reais anuais aos empresários. A "carga fiscal elevada" era vista como uma das "grandes distorções na economia". Vale lembrar, também, a desoneração do IPI e do PIS/Cofins sobre bens de investimento, o Reintegra (Regime Especial de Reintegração dos Valores Tributários para as Empresas Exportadoras) e o estabelecimento de novo regime tributário para a cadeia automotiva.
6. Plano para infraestrutura. Em agosto de 2012, é lançado o Programa de Investimentos em Logística (PIL), pacote de concessões para estimular a inversão em rodovias e ferrovias. A primeira fase do PIL previa aplicação de 133 bilhões de reais.
7. Reforma do setor elétrico. Em setembro de 2012, é editada a Medida Provisória 579, com o objetivo de baratear em 20% o preço da eletricidade, reivindicação da indústria para reduzir os custos e ganhar competitividade em relação aos importados. A MP alterava as regras do jogo com respeito às companhias concessionárias de energia. Contratos que venceriam em 2015 e 2017 foram antecipados para retirar das tarifas o "repasse dos investimentos

já amortizados". Um dos efeitos da MP foi provocar a diminuição do valor de mercado das empresas envolvidas, o que causou perdas aos investidores.

8. Controle de capitais. Com o objetivo de impedir que a entrada de dólares valorizasse o real, prejudicando a competitividade dos produtos brasileiros, foram tomadas providências de controle sobre os fluxos de capital estrangeiro, com alterações das alíquotas do IOF sobre os investimentos estrangeiros de portfólio, controle de capital sobre as captações externas, inclusive sobre empréstimos intercompanhias. Adicionalmente, acionaram dois novos instrumentos regulatórios: (a) a regulação financeira prudencial, ao impor recolhimento compulsório sobre as posições vendidas dos bancos no mercado de câmbio à vista; e (b) a regulação das operações com derivativos cambiais, ao impor IOF de 1% sobre as posições líquidas vendidas nesses derivativos acima de 10 milhões de dólares.
9. Proteção ao produto nacional. De modo a favorecer a produção interna, em setembro de 2011 elevou-se em 30 pontos percentuais o IPI sobre os veículos importados ou que tivessem menos de 65% de conteúdo local. Em fevereiro de 2012, a Petrobras fechou acordo para alugar 26 navios-sondas a serem construídos no Brasil, com 55% a 65% de conteúdo nacional. Em junho de 2012, foi lançado o Programa de Compras Governamentais, beneficiando o setor de máquinas e equipamentos, veículos e medicamentos, também com regras favorecidas para a produção nacional. Em setembro de 2012, foram aumentados os impostos de importação de cem produtos, entre eles pneus, móveis e vidros.

Conforme Singer, estas medidas retomaram a iniciativa sistemática do Estado, perspectiva suprimida desde os anos 1970 com Geisel. Atacaram-se os pilares da orientação neoliberal e tentou-se criar as condições para um forte investimento produtivo, sobretudo na indústria e infraestrutura.

Dilma tentou liderar a coalizão desenvolvimentista contra a coalizão de capitalistas rentistas e financistas, mas o resultado foi a reunificação de diferentes frações da burguesia contra o governo, dado como "intervencionista", "estatizante", "perigoso para a hegemonia burguesa". Este trabalho fomentado pela grande mídia, a oposição política e outros setores sociais contrários ao governo contaminaram as expectativas do empresariado que passou a realizar uma espécie de "greve geral de investimentos", o que travou o crescimento de vez[4]. A partir do final de 2012, a burguesia começou a pôr o pé no freio, percebendo que a gestão era temerária para seus interesses de classe e que o governo ficaria muito forte. A partir de 2013, o governo recua, a taxa de juros volta a subir, as intervenções no mercado de câmbio foram revistas e, para piorar, a nova matriz econômica passou a ser vista como a causa da crise econômica.

Em termos de crescimento econômico e elevação da taxa de investimento, o ensaio desenvolvimentista de Dilma não surtiu os efeitos esperados. Segundo o IBGE, a taxa de investimento do país, após elevar-se de 17,3% para 20,6% do Produto Interno Bruto (PIB), entre 2006 e 2010, ficou praticamente estagnada nos três anos seguintes. As taxas efetivamente observadas no período foram: 20,6% em 2011, 20,2% em 2012, 20,5% em 2013 e 19,7% por cento do PIB em 2014. O investimento não veio e os resultados, em matéria de crescimento, foram muito baixos. O crescimento médio da economia brasileira no primeiro mandato de Dilma Rousseff, de 2011 a 2014, foi de 2,2% ao ano.

O maior ativismo estatal de Dilma (que se mostrou em propostas como a redução da taxa de juros "para nível internacional", diminuição dos spreads bancários, facilitação do crédito para o

[4] Por outro lado, o contexto internacional era outro quando Dilma assumiu em 2011. Os termos de troca do Brasil atingiram um pico em setembro de 2011 e nos três anos seguintes caíram a uma taxa média de pouco menos de 4 por cento ao ano. Essa inversão deveu-se em grande medida à redução do preço de vários produtos primários exportados pelo Brasil, que, por sua vez, seguiu-se à mudança no padrão de crescimento da economia chinesa no exato momento em que se iniciava o ensaio desenvolvimentista. Esta restrição, entretanto, apesar de muito importante, explica apenas em parte a dinâmica da baixa taxa de investimento. Neste artigo nos focamos nos fatores internos.

investimento, aumento do IOF sobre a entrada de capital estrangeiro, desonerações tributárias, adoção do conteúdo nacional como "diretriz da política industrial", "preferência para produtos nacionais nas compras governamentais", entre outras) fez crescer a ideia de que se tratava de mandato "intervencionista", que inviabilizava os investimentos e não criava confiança. Isso afastou progressivamente os capitalistas industriais de Dilma (SINGER, 2015). As tentativas de adoção das políticas desenvolvimentistas encontraram fortes resistências da burguesia fora e dentro do governo. Conforme Singer, ao núcleo rentista (interno e externo) se juntaram, sucessivamente, os importadores, descontentes com a desvalorização do real e as barreiras aos produtos importados, as empreiteiras, descontentes com a "modicidade tarifária", as "elétricas", insatisfeitas com a MP 579, os grupos prejudicados com o aumento da competição no setor portuário, os produtores de álcool, prejudicados pela baixa competitividade do etanol em virtude da opção por segurar o preço e retirar as Contribuições de Intervenção sobre o Direito Econômico (Cide) da gasolina, o agronegócio em geral, desconfiado de que tenderia a ser mais tributado, os setores da indústria automotiva descontentes com as dificuldades de importação, as empresas aéreas insatisfeitas com as novas regras vigentes nos aeroportos, as empresas de celular punidas por falta de investimento, a classe média tradicional irritada com a alta do preço dos serviços, das viagens e dos importados e os industriais afetados pelas políticas pró-trabalho. Cada setor que se sentia prejudicado aderia à críticas do intervencionismo, adensando a oposição capitaneada pelos rentistas, até que em certo momento a frente antidesenvolvimentista englobou o conjunto da burguesia, contando com o suporte fervoroso da classe média tradicional (SINGER, 2015). Mesmo o setor da burguesia que parecia até há pouco parecia satisfeito com a política de crescimento via consumo e com as concessões às grandes corporações, passou a criticar o que chama de linha estatizante do governo. Conforme Wladimir Pomar, essa reorganização é apoiada sem disfarces pelo FMI e por revistas estrangeiras que expressam o pensamento das grandes corporações transnacionais, como The Economist, Financial Times e Der Spiegel. E tem como alvos, além da linha estatizante, várias suposições, com destaque para o fracasso e o descrédito nacional e internacional da política econômica do PT, as tendências de inflação e recessão, o crescimento da corrupção *e a* ausência efetiva de políticas para superar o caos nos transportes, na saúde e na educação[5]. O governo apostou que a burguesia industrial fosse apoiar essa política que em boa medida foi desenhada para ela, porque era uma política voltada para a reindustrialização do país. A estratégia do ensaio desenvolvimentista aparentemente supunha uma cisão entre interesses industriais e financeiros que restringiria a oposição a ser enfrentada. O resultado do ensaio desenvolvimentista do governo Dilma foi que a burguesia nacional se unificou contra o "avanço estatizante" da "nova matriz econômica" e realiza desde então uma greve de investimentos.

Quando se viu isolada da burguesia, Dilma cedeu de imediato no essencial — a elevação da taxa de juros — e depois no corte do gasto público. A partir daí Dilma foi obrigada a recuar passo a passo até chegar aquém do ponto de partida. A partir de abril de 2013, o COPOM inicia um ciclo de elevação da taxa de juros que tornava manca a perspectiva de retomada do desenvolvimento nacional e paralisava o avanço progressista, exatamente em seu auge. A substituição de Guido Mantega por Joaquim Levy, anunciada no final de 2014, fez retroceder os avanços do Estado em relação ao primeiro mandato de Lula (SINGER, 2015). Depois de vencer a reeleição com discurso desenvolvimentista, Dilma propôs um ajuste "como feito em 2003", porém sem o superboom de commodities que ajudou então a reverter o quadro de estagnação e projetar Lula como grande mediador das classes sociais em disputa. O cerco a favor da reversão neoliberal completa ganhou cada vez maior adesão na burguesia, na classe média tradicional e em setores da nova classe trabalhadora. A crítica à "nova matriz econômica" passa a ser total. Praticamente ninguém reivindica sequer sua

[5] POMAR, Wladimir. Classes e luta de classes: desafios atuais. Jornal Correio da Cidadania, 03/07/2014.

existência. Dilma encampa o programa de "ajuste fiscal" com o objetivo de colocar algum freio na recessão econômica e trazer novamente a confiança dos empresários, consumidores e investidores externos, o que abriria as portas para a retomada do crescimento econômico. Entretanto, nada disso ocorreu, a recessão se aprofundou, a arrecadação caiu e sua aprovação popular foi para o chão, impulsionando o processo de sua destituição.

A linha desenvolvimentista teve pés de barro, não se estabeleceu com firme apoio político, social e popular e nem com o apoio dos industriais, que foi sendo perdido para o bloco rentista. Se presumiu que tal iniciativa poderia ser realizada sem a organização popular, sem retaguarda de classe, sem comunicação social e hegemonia cultural. A confusão ideológica da esquerda e a fraqueza das organizações populares facilitaram a ascensão de um bloco histórico consistente contra o governo.

Parece que hoje todos concordam que o ensaio Dilmista com a Nova Matriz Econômica foi um fracasso. Quase todos concordam que a "nova matriz econômica" foi a maior culpada pela queda do crescimento, pelo aumento da inflação e pela desindustrialização que vem desde a década de 1980. Talvez até pelo próprio impeachment em 2016. A recessão teria sido criada pelo governo por sua política irresponsável, com forte intervenção estatal no "livre mercado". Diante disso, a burguesia começou a fazer de tudo, dentro e fora da lei, para eliminar qualquer vestígio da "nova matriz econômica" de Dilma, inclusive a própria Dilma da presidência, se reaglutinando para evitar qualquer mudança social mais efetiva.

O fracasso da "nova matriz econômica" precisa ser problematizado, necessita ser visto não como uma falha total ou absoluta. Ela restabeleceu a capacidade de projetamento do Estado, de forma ainda menor que os ciclos anteriores, mas o suficiente para criar uma reação do hegemon estadunidense e das classes dominantes locais. A crença atual em seu fracasso não é indício suficiente para abandonarmos a hipótese da política econômica orientada para maior papel do Estado na economia. Para evitarmos a repetição do fracasso e efetivamente aprendermos com ele, é necessário localizar, encontrar e reconstruir o ponto a respeito do qual a "nova matriz" fracassou.

Para Singer, Dilma não estava preparada para a ofensiva burguesa, o que implicaria apoiar-se no subproletariado e, sobretudo, na classe trabalhadora organizada para reagir. Tal como em 1964, as camadas populares não foram mobilizadas para defender o governo quando a burguesia o abandonou (SINGER, 2015). O ensaio desenvolvimentista não foi acompanhado de mobilização social, em 2011 e 2012, consistindo em um conjunto de decisões tomadas sem amplo debate público. O povo não foi informado do que estava acontecendo. Pelo alto, Dilma e Mantega realizavam ousado programa de redução de juros, desvalorização da moeda, controle do fluxo de capitais, subsídios ao investimento produtivo e reordenação favorável ao interesse público de concessões à iniciativa privada. Na sociedade, o vínculo entre industriais e trabalhadores se dissolvia e os empresários se unificavam "contra o intervencionismo". Nesse contexto, os capitalistas podiam confiar que, com a pressão advinda de uma greve de investimentos, ele não teria força para se manter. E a política econômica convencional seria, cedo ou tarde, retomada (SINGER, 2015).

Entretanto, Dilma também teve uma "ilusão burocrática" de que poderia fazer isso do Planalto Central, sem partido popular com capilaridade social ampla, nem meios de comunicação adequados, nem controle territorial do país, nem mobilização popular, e com diversas contradições com outros interesses políticos, poderes locais e paralelos. Tornou-se evidente que o governo não teve êxito em impor uma única estratégia geral de desenvolvimento sobre a heterogeneidade interna dos partidos de sua coalizão, numa variedade de enfoques contrapostos entre si. O governo — e o partido líder do governo – não preparou o suporte político e social capaz de levar adiante a Nova Matriz Econômica, o que gerou um enorme conflito entre os poderes que paralisou a economia. Seu programa desenvolvimentista não teve ressonância social. O desenvolvimentismo tentado por Dilma também não atraiu a burguesia industrial e nem setores trabalhistas da esquerda e do centro "lulista" — apesar de ambos trazerem em seus discursos elementos do projeto desenvolvimentista. Talvez seja difícil dizer isto agora, mas a nova matriz econômica não contou com apoio dos industriais e nem da classe trabalhadora (que não foi mobilizada, consultada ou informada sobre o que estava acontecendo). Com isso ficou muito mais fácil o capital financeiro emparedar o governo que não tinha apoio firme para instalar a nova política, dentro de partidos, movimentos sociais, sindicatos, opinião pública e na própria sociedade.

Países como o Brasil são muito expostos às mudanças nas condições externas, vulneráveis aos ciclos de liquidez, sendo obrigado a ajustar suas políticas domésticas a essas condições. O Governo Lula foi pressionado a adotar políticas ortodoxas no início de sua gestão e, conforme as condições internacionais (boom de commodities) foram favorecendo o país, o governo foi implementando uma agenda mais intervencionista e redistributiva, embora mantendo a condução de uma política macroeconômica ortodoxa. Indubitavelmente o governo Lula foi favorecido pelo contexto econômico internacional benigno, em que pese o contágio da crise financeira internacional de 2008. Também contou com o foco dos Estados Unidos em suas guerras no Oriente Médio. Já Dilma, frente a um cenário internacional menos favorável, com acentuada piora nos termos de troca do país, adotou políticas mais vigorosas que se afastaram do figurino mais convencional, rompendo com o reformismo fraco lulista. Na transição do primeiro para o segundo mandato, Dilma inverteu radicalmente a orientação das políticas, partindo para um forte ajuste fiscal e a ortodoxia monetária, o que acabou minando os poucos focos de sustentação política com os quais contava na sociedade. A conspiração política que redunda no impeachment acaba ocorrendo com surpreendente facilidade, alimentada pelos efeitos da Operação Lava Jato e pela trajetória errática das políticas econômicas. Durante 2015, a reversão do ciclo econômico se afirma e se aprofunda, instaurando acentuado caos político que se traduz no processo em curso de afastamento da Presidente, alçando ao poder o vice-presidente Michel Temer do PMDB sem qualquer tipo de consulta popular. Depois de manobras da Operação Lava-Jato,

Lula é preso e tirado da disputa eleitoral de 2018 que culmina na vitória de Bolsonaro, radicalizando o desmonte do Estado, a desnacionalização e a desindustrialização, aumentando a miséria e a pobreza, bem como privatizando o patrimônio público.

Com Michel Temer (2016-2018) e Jair Bolsonaro (2019-2022), se retoma a linha de submissão aos interesses financeiros e geopolíticos dos Estados Unidos, promovendo o desmonte do Estado, com privatizações e incapacidade de articular projetos de desenvolvimento econômico e social. As medidas são tão drásticas que colocam em risco a unidade territorial nacional.

Logo após o afastamento de Dilma, uma das primeiras leis aprovadas no Senado (em conjunto com o governo Temer e a inação generalizada das instituições que deveriam proteger os interesses nacionais) foi a reformulação da Lei da partilha do Pré-Sal, tirando poderes da Petrobrás. Com o impeachment, o governo Temer indica o tucano Pedro Parente para assumir a Petrobrás e realizar um amplo programa de desmonte, desinvestimento, privatização em fatias da estatal. Em setembro de 2016, um consórcio liderado pela canadense Brookfield chegou a um acordo com a Petrobrás para comprar 90% da unidade de gasodutos Nova Transportadora Sudeste (NTS), em negócio de US$ 5,19 bilhões. O acordo para a venda da NTS, que tem cerca de 2,5 mil quilômetros de gasodutos no Sudeste do Brasil. Em novembro de 2016, a Petrobras aprovou a venda da Liquigás para a Ultragaz, subsidiária da Ultrapar, em negócio de R$ 2,8 bilhões, o que eleva fortemente a concentração no mercado de gás de cozinha do país. A Liquigás operava em quase todos os Estados do país e conta com 23 centros operativos, 19 depósitos e uma rede de cerca de 4,8 mil revendedores autorizados. Além disso, desde a aquisição pela Petrobrás da Liquigás em 2004 por US$ 450 milhões da Agip do Brasil, até então uma empresa da gigante italiana Eni, a Liquigás investiu fortemente em melhorias e inovações, expandindo sua cobertura para atendimento de 100% dos municípios dentro de sua área de atuação, além da aquisição de novos botijões e aplicação de novas tecnologias. Com um lucro líquido de R$ 114,3 milhões em 2015 (116% superior ao lucro de 2014) e vendas de

1,7 milhão de toneladas de gás por ano, a Liquigás era a empresa que regulava o preço do GLP no país, permitindo que este fosse mais barato para o consumidor, em especial para a população mais pobre que precisa do gás de cozinha no seu dia a dia. Com sua venda, a Ultragaz eleva a fatia de mercado para 46% do mercado nacional.

Com Temer e Bolsonaro são seis anos de governos liberais, resultando no máximo de poder à burguesia estrangeiras e às velhas classes dominantes locais, destruindo capitais estatais, médios e pequenos, com aumento do desemprego e da informalidade, do subemprego e da miséria, aumentando a fome e o desespero do povo. Bolsonaro realiza a destruição do Estado como indutor do desenvolvimento, fomentando a liberação indiscriminada de dezenas de agrotóxicos; profundos cortes para programas de pesquisas e bolsas na área de ciência e tecnologia; desprezo pela cultura nacional; retrocesso total da política de reforma agrária; "abertura" do setor financeiro aos megabancos estrangeiros; a destruição dos bancos públicos; privatização acelerada e radical; abertura comercial unilateral; destruição gradual da Petrobrás e da Eletrobrás; privatização e destruição da Previdência Pública; privatização do SUS e descontrole das epidemias; forte redução de direitos trabalhistas; concessão de rodovias, ferrovias e portos em larga escala; concessão de terrenos da Marinha; autonomia do Banco Central e dos banqueiros em exercer a política monetária; tentativa de cessão de bases aos Estados Unidos; a venda da Embraer e a fragilização dos projetos estratégicos; alinhamento com os Estados Unidos; saída disfarçada dos BRICS e desarticulação do Itamaraty. Bolsonaro segue alinhado aos interesses dos Estados Unidos, que é encaminhar o Brasil para uma situação de caos político, destruição das cadeias produtivas mais relevantes, perda de capacidade em se projetar no cenário mundial e fortalecimento de um modelo econômico baseado no dependentismo e no rentismo.

Os golpes articulados pelos Estados Unidos visam bloquear as iniciativas próprias de planificação da economia brasileira, quando reformas apontam para maior centralização dos recursos estratégicos sob o controle do Estado. A política varguista, janguista, geisista e dilmista levou ao inevitável e involuntário enfrentamento com os Estados Unidos. Qualquer iniciativa industrializante e soberana é considerada "inimiga da democracia", conforme os critérios do Pentágono e do Departamento de Estado. As vias de desenvolvimento capitalista nacional passam a adquirir características socialistas quando são realizadas por alguns anos. Medidas desenvolvimentistas ameaçam o pacto de dominação burguês, por isso até mesmo a expansão do capitalismo é realizada sem muita vontade, tendo que ser realizado apesar da burguesia. A burguesia se une pelo medo de restrições à propriedade privada dos meios de produção, trabalhadores no governo e socialismo. Mesmo que isso resulte em ser engolida pelos capitais transnacionais, gerando monopolização, desemprego, violência e fome. Se o Estado ameaça colocar limites ao capital, ele passa a exigir que o Estado se retire da economia, privatizando e destruindo cadeias produtivas, algumas essenciais para qualquer desenvolvimento.

Três ciclos (1930-1959, 1968-1980 e 2003-2013) que avançaram com sucesso no projetamento e foram boicotados pelos Estados Unidos e classes dominantes locais.

A principal razão é que o Brasil é capaz de se tornar uma potência política, econômica e cultural mundial. Figurar entre as 5 maiores potências globais com algumas décadas de desenvolvimento contínuo. Tem a sexta maior população do mundo, com 211 milhões. É um país continental, com o quinto maior território do mundo, de 8.515.767 km². Tem dez vizinhos ao longo de uma fronteira terrestre de 15.735 km de extensão. A Amazônia brasileira faz fronteira com sete países, onde se encontram nascentes e afluentes do Amazonas, formando a maior bacia hidrográfica do planeta. Os recursos de solo e subsolo são extraordinários. Os solos, graças à Embrapa, permitem uma produtividade agrícola elevada que levou o Brasil à condição de maior produtor de laranja, café, carne bovina e açúcar do mundo e grande exportador de produtos agrícolas como a soja. A biodiversidade da floresta e de outros biomas e o conhecimento nativo, não explorados, são insumos fundamentais para a indústria farmacêutica e a indústria de cosméticos. O subsolo terrestre detém grandes reservas de minérios comuns, como ferro e bauxita, e de minerais estratégicos como o urânio, o lítio, o nióbio. O subsolo marinho da Zona Econômica Exclusiva detém extensas reservas de petróleo descobertas pela Petrobrás.

Com a vitória de Lula em 2022, a expectativa é começar a construir um quarto ciclo que, desta vez, não sucumba diante da ofensiva das classes dominantes estrangeiras e nacionais e caminhe no sentido do Brasil se tornar uma nação livre, soberana, forte e capaz de avançar rumo à construção de uma ordem mundial multipolar.

A vitória de Lula contra o ultraliberalismo de Bolsonaro colocou uma nova perspectiva na condução do Brasil. Na economia, a natureza do projeto de governo mostra que não existe uma estratégia unívoca, tendo diversos elementos diferentes, contraditórios entre si. Em 2023, em conjunto com a manutenção do tripé econômico neoliberal, se retomaram as antigas estratégias para estimular a economia via política de aumento real no salário mínimo, aumento das transferências sociais e expansão do crédito, o crescimento baseado no consumo de massa, destacando-se medidas como a capitalização dos bancos públicos, reforma do IVA, o desenrola, programa nova indústria, reforma tributária, reativação de programas sociais e maior gasto social e a busca por reduzir os juros. Com isso, se melhorou o consumo e rompeu-se o ciclo de destruição do aparelho estatal. Mesmo assim, em 2023, o crescimento foi menor que em 2022, a economia passou a desacelerar no segundo semestre e continua assim até agora, com investimentos públicos rebaixados, juros ainda altos, privatizações em diversos estados, preço alto de alimentos e energia além do aumento na sensação de insegurança. E a elevação dos gastos públicos, a supersafra e queda no preço dos alimentos não devem se repetir neste ano, colocando obstáculos à política econômica de crescimento delineada.

Neste ritmo, dificilmente a atividade econômica alcançará até 2026 um desempenho próximo ao verificado nos governos

Lula I (2003-2006), com crescimento médio de 3,5% ao ano, e Lula II (2007-2010), de 4,6% ao ano. Sem romper com o fiscalismo do primeiro ano de seu governo, e sem promover uma agenda desenvolvimentista, corre-se alto risco de Lula registrar o seu pior desempenho frente à presidência do país. Será uma decepção que pode custar a sucessão de seu mandato.

Porém, o que mais chama atenção não é a frente econômica, mas a condução política. O governo não tem um núcleo político claro. Nos primeiros governos Lula, existiam diversos atores que compunham um pensamento coletivo mais ou menos maduro sobre as condições reais do país, o acúmulo histórico em propostas, alianças e negociação. No governo atual, existe uma manifesta descoordenação no governo, sem um núcleo político com um projeto claro para o país, capaz de executar e acompanhar as grandes e pequenas ações estratégicas. Não existem metas nem centros de projetamento. O governo opera hoje sem construir uma força dirigente, que sustente uma prática norteadora. Se destaca também a falta de ideias e proposições, se abstendo de uma disputa política ideológica em torno das grandes questões — economia, soberania, combate à criminalidade, desenvolvimento, industrialização, etc. Isso é, não se tem um rumo claro para o país.

A chegada de Lula à presidência não garante a manutenção de uma hegemonia. Conservação e ampliação da hegemonia é um longo processo de disputa, avanços e retrocessos. Envolve a direção para o país, no campo econômico, político e cultural. Caso o governo mantenha uma linha excessivamente liberal — na economia, política e costumes — poderá se enfraquecer e ser emparedado. Nenhuma política será eficaz se for frontalmente contra os interesses fundamentais e os costumes do povo.

Se o governo pretende constituir-se como força dirigente, terá que reformular suas prioridades práticas. Definir claramente o que se pretende para o futuro do país. Ajudar a elaborar uma grande estratégia que norteie as decisões políticas. Quanto mais se posterga a formulação e execução de uma grande estratégia, mais se fica longe de um entendimento claro, direto e objetivo sobre como estão as coisas e para onde se está indo.

Inicialmente, uma grande estratégia envolve a coordenação de variáveis sociais, econômicas e políticas com os cálculos de poder militar e diplomático, na sua relação com o mundo exterior. Discutir e definir uma nova agenda interna, levando em conta as mudanças globais, para restabelecer o equilíbrio da economia e volta do crescimento e do emprego, o aumento da competitividade e investimentos.

O centro de uma grande estratégia deve partir do momento pós-globalista no mundo. Seu objetivo fundamental é reestabelecer a soberania nacional, voltar para si e buscar a autossuficiência em setores estratégicos. Nesse contexto, o poder ganha legitimidade se for eficiente para organizar uma estrutura política, econômica e ideológica que permita defender os interesses dessa sociedade diante dos outros. Os Estados que melhor consigam se fechar serão os que prevalecerão no mundo pós-globalista. Isso significa que deve ser autossuficiente e independente de fornecimentos externos relativos à alimentação, produtos industriais, energia, sistema monetário e financeiro e poderio militar.

É crucial elevar o adensamento das cadeias produtivas com maior participação das empresas nacionais nos setores monopolizados por empresas estrangeiras. Alavancar altos índices de desenvolvimento da indústria nacional, suficientes para uma concorrência efetiva com outros Estados, mas sem excluir a cooperação. A política de reindustrialização deve estar voltada aos setores sociais interessados na industrialização, especialmente a média burguesia, que atualmente é fornecedora de peças e componentes para as grandes indústrias nacionais e estrangeiras, as empresas estatais e os trabalhadores. Esta é a base social da industrialização. Também são estes os setores interessados na ampliação do mercado de consumo de massa.

Outro ponto é a concentração dos investimentos estatais em áreas estratégicas, levando em conta a instalação de plantas de fabricação de produtos de cadeias produtivas do mais alto valor agregado como na aeronáutica, setor naval, automobilístico, robótica, carros elétricos, defesa, softwares, tablets, além do desenvolvimento de investimentos em áreas relacionadas a biogenética, biotecnologia, nanotecnologia, biomassa, energias renováveis, aerogeradores, indústria aeroespacial, impressão 3D, o setor de base química, envolvendo a indústria farmacêutica, de vacinas, hemoderivados e reagentes; o setor de base mecânica e eletrônica, envolvendo as indústrias de equipamentos médico-hospitalares e de materiais médicos; novos materiais; o setor de serviços, envolvendo de hospitalar, laboratorial e serviços de diagnóstico e tratamento; serviços de telecomunicações e infraestrutura digital a partir do desenvolvimento da banda larga (comunicações, ópticas, wireless e comunicações por rádio e satélite). Neste impulso industrializante deve-se levar em conta a formação de novas estatais, para o aceleramento de setores de ponta e a transformação de todas as estatais em indutoras de industrialização.

A população brasileira é, em sua maioria, cerca de 85% urbana, o que facilita a construção de serviços públicos eficientes. Faz parte de uma grande estratégia, portanto, uma nova urbanização do país. Para o desenvolvimento social e econômico, é necessário investir massivamente em infraestrutura urbana, onde hoje habitam a maioria da população brasileira, carente de transportes decentes e baratos, saneamento básico, água potável, infraestrutura de educação e saúde e moradias.

A reconstrução do Brasil exige uma estratégia que combine medidas emergenciais e medidas estruturantes. Por meio de medidas emergenciais deve alterar significativamente a correlação de forças, colocando a soberania nacional como centro de uma nova agenda política. Para chegar a 4 ou 5% por ano, o governo precisará realizar um crescimento ampliado da produção industrial e agrícola, romper com os monopólios e oligopólios que dominam a economia brasileira e criar um novo tipo de regulação dos investimentos estrangeiros, de modo que se voltem para o setor produtivo. Adotar políticas macroeconômicas coerentes, que mantenham a inflação baixa, utilizem os juros para incentivar os investimentos e tratem do câmbio como instrumento de política de desenvolvimento industrial.

O governo Lula deve avançar para um projeto pós-globalista. Só que o Brasil foi um dos países onde a globalização e o liberalismo eram e ainda são considerados dogmas indestrutíveis e irrefutáveis. O Brasil está integrado à estrutura globalista na dimensão econômica, política, militar, ideológica e tecnológica. A classe política parece incapaz de fazer a transição para um novo Estado, seja em termos operativos, aspectos de visão de mundo, cultura política e administrativa. Se encontra atônita diante do desafio de preparar o Estado e a sociedade para se unirem em torno da nova ordem pós-globalista. Esta situação deixa vulnerável o país para um confronto eficaz e para o mundo pós-globalista que se anuncia.

Ao estudar o quadro político e econômico do país, é possível visualizar a necessidade de uma ação desenvolvimentista coerente e profunda. Atacar todas as frentes que impedem o crescimento e a distribuição de renda. Essa política só pode ser implementada por iniciativa do Estado. Para poder eficazmente realizá-la, depende de reformas que aparelhem o Estado para este fim. Criar um novo sistema de metas econômicas e sociais, incluindo a redução da violência com maior controle territorial do Estado e maior eficácia das políticas públicas sociais que garantem a vida — saúde, educação, segurança alimentar, saneamento básico, transporte e moradia. É de um Estado forte que o Brasil precisa, que seja soberano, promotor da integração nacional, centralizado e unitário, capaz de levar adiante as transformações que impulsionem o desenvolvimento nacional. Um Estado capaz de projetar a civilização brasileira para o futuro.

ATUALIDADE DO PROJETAMENTO

A visão heterodoxa de Rangel de projetamento possui diversos interlocutores ocultos. O economista polonês Oscar Lange dizia que é a vontade humana, na sociedade organizada, em vez da livre espontaneidade das leis econômicas, que dirige, de modo mais ou menos consciente, o desenvolvimento da economia. Na década de 1940, Lange falava que a planificação econômica seria um "traço essencial do socialismo" (LANGE, 1974, p. 21-35). Ele ficou conhecido nos anos 1950, por defender que o desenvolvimento da informática permitiria a existência de um super-sistema central de planejamento, que poderia evitar crises cíclicas e a anarquia capitalista. Talvez influenciado pela NEP — Nova Política Econômica — na Rússia ou pelas formas emergentes de planejamento econômico aplicado em diversos países, Lange acreditava que, no período de transição socialista, seria possível a existência de formas não socialistas de produção, ao lado do setor majoritário e dominante socialista. Lange acreditava que uma grande centralização estatal na administração e no planejamento seria uma característica do início do desenvolvimento socialista. Ele pensava que isso seria necessário para a transformação revolucionária da sociedade, liquidando as relações capitalistas de produção, estabilização de um novo poder nacional e industrialização rápida. Porém, a partir do debate sobre cálculo econômico e tendência de estagnação do socialismo soviético, surgiu a elaboração do modelo de socialismo de mercado. Nesse modelo, combinou-se a influência do mercado, contribuindo para a suposta alocação eficiente dos recursos, com a regulação emanada da planificação.

Segundo Lange (1969, p. 110-119), a economia socialista dispõe de duas grandes vantagens, influenciando positivamente a alocação de recursos. A primeira vantagem é a distribuição de renda com o objetivo de alcançar o máximo bem-estar social. Em contraste, a economia capitalista tem uma distribuição de renda já previamente condicionada pela propriedade privada dos meios de produção. A segunda vantagem é a incorporação de todos os fatores econômicos no cálculo dos custos de produção, considerando, por exemplo, a educação, segurança e saúde dos operários nos processos produtivos. Em contraste, no capitalismo, o empresário só considera os seus custos privados de produção. Lange propõe que, nas condições do modelo de socialismo de mercado, conforme as diferentes circunstâncias históricas dos diversos países, ainda existiriam diversas formas (nacionais, municipais, cooperativas etc.) de propriedade dos meios de produção. E os bens produzidos tornam-se, na distribuição, propriedade privada dos consumidores. Nesse contexto, se a produção é de mercadorias, em razão da pluralidade de proprietários dos produtos, então se mantém a lei do valor na economia socialista (LANGE, 1974, p. 12-13). Obviamente, a lei do valor é acompanhada das leis da circulação monetária, porque a produção de mercadorias exige a troca por moeda.

Outra contribuição é de Alec Nove, professor de economia na Universidade de Glasgow e uma notável autoridade na área de história econômica russa e soviética. Publicou diversos livros, como *Stalinismo e depois* (1976), *Economia Política e Socialismo Soviético* (1979), *Glasnost em ação* (1989) e *Estudos em Economia e Rússia* (1990), *História Econômica da URSS* (1992) e *Economia do Socialismo Possível*, publicado pela primeira vez em 1983 e talvez seu livro mais influente. Neste último livro, Nove pretende elaborar "um tipo de socialismo viável, possível, alcançável no período de vida de uma criança já concebida", que ele chama de modelo de desenvolvimento socialista com mercado.

Alec Nove apresenta um modelo de socialismo muito influenciado pelas ideias da NEP, de Oscar Lange, bem como pelas experiências reformistas do Leste Europeu, com destaque para Polônia, Hungria e Iugoslávia. Nove aponta que a propriedade social deveria predominar e o principal meio para atingir esse tipo de socialismo seria o mercado, formando uma economia mista, onde opera a regulação mercantil, o controle de preços atentaria contra o próprio sistema ao destruir o mercado.

Em sua proposta de modelo socialista de mercado, Nove (1989, p. 307-318) apresentou a seguinte estrutura de empresas: 1. empresas estatais centralizadas; 2. setor socializado: empresas estatais ou de propriedade social, com direção autônoma perante o Estado, mas prestando contas aos trabalhadores; 3. cooperativas; 4. pequenas empresas privadas; 5. atividades individuais, a exemplo de jornalistas freelancers e artistas. Os bancos e as grandes empresas, inclusive monopólios, por características técnicas, economias de escala e necessidades organizacionais, deveriam ser controlados e administrados pelo Estado. Os serviços de eletricidade, telefones, correios, transportes públicos, além de complexos petrolíferos e petroquímicos, são exemplos de atividades de empresas que deveriam ser estatais centralizadas. Nas empresas socializadas, a administração prestaria contas aos trabalhadores, mas esses não seriam proprietários dos meios de produção, enquanto, simultaneamente, o Estado assumiria algumas responsabilidades restritas. Com a titularidade da propriedade, as cooperativas teriam liberdade empresarial. Os negócios privados existiriam nas pequenas empresas, com limites claros para o número de empregados, ou valor dos ativos, ou restrições conforme o tipo de setor econômico. Esses pequenos proprietários não poderiam obter renda sem o concurso do seu próprio trabalho.

Em vez de uma única forma de propriedade estatal, seria preciso combinar propriedades municipais, regionais e nacionais, além de um destacado papel para cooperativas em alguns ramos de produção, sem excluir a propriedade privada. O socialismo de mercado existe sob coordenação estatal, com uma coexistência de grande variedade de escalas, técnicas, organizações e relações de produção. Vários tipos de unidades de produção convivendo em competição e cooperação. A pior opção seria a tentativa de socialismo sem mercado. A troca mercantil seria indispensável, impõe-se como necessidade incontornável, apesar de alguns de seus efeitos serem deletérios à causa socialista. Mas, é viável uma organização da economia que conta com o mercado e, ao mesmo tempo, resiste aos malefícios mercantis, assegurando que as pessoas tenham espírito público e solidariedade?

Ignácio Rangel não pôde ver as consequências dramáticas do desmonte do Estado promovido pelo neoliberalismo. Embora a abertura ao mercado global mercado global tenha sido vista durante os longos anos 1990 como uma fonte de prosperidade, agora é percebida como fonte de perigos contra os quais é preciso recuperar as formas de controle e proteção exercidas pelo Estado. De problema, o Estado passa a ser a solução (GERBAUDO, 2023). No livro *O Grande Recuo*, Paolo Gerbaudo defende que estamos precisamente no momento da passagem entre duas eras ideológicas. O neoliberalismo está sendo questionado, enquanto o "neoestatismo" (um novo consenso entre os partidos sobre a necessidade de um estado mais intervencionista) está prestes a substituí-lo. O neoestatismo parece cada vez mais com o "novo normal", dentro do qual esquerda e direita precisarão desenvolver novas posições. O retorno do Estado muda as regras para a direita e a esquerda. Agora todas as forças têm que responder à questão de que tipo de intervenção do Estado se deseja realizar (GERBAUDO, 2023).

A globalização perdeu o encanto e as ideias do Consenso de Washington estão em declínio. Os problemas definidores de nossa era não parecem ter "soluções de mercado" confiáveis. Isso precipitou o retorno do estado intervencionista — isso é, com projetamento. Os problemas que definem essa nova era fazem com que o Estado pareça vulnerável e sem controle. Isso gera ansiedade generalizada nas pessoas, a chamada *agorafobia*, e isso, por sua vez, desencadeia uma demanda por segurança e proteção, algo que só o Estado pode oferecer. Há espaço para propor ação do Estado em favor de direitos e proteção para as maiorias. Por hesitar em fazê-lo, a esquerda abre espaço para a extrema-direita. Para avançar, a esquerda deve enfrentar um mundo em que a globalização neoliberal está em declínio e o intervencionismo estatal tende a se tornar cada vez mais importante. Soberania (para projetamento) é a ideia central da conjuntura. Ela renova a legitimidade do poder estatal e expõe como o neoliberalismo favorece a erosão da soberania nacional num mundo globalizado. Diante da globalização neoliberal, que debilitou o poder dos Estados, a soberania reconquista parte de sua dimensão revolucionária (GERBAUDO, 2023).

Em um artigo de David Lane chamado "Porque o socialismo de mercado é uma alternativa viável ao neoliberalismo?", debate-se sobre a atualidade da perspectiva socialista de mercado, uma forma de projetamento. Considerada uma alternativa viável ao capitalismo, a ideia-chave, de acordo com cientistas políticos britânicos como Julian Le Grand e David Miller, é que o socialismo de mercado retém o mecanismo de mercado enquanto socializa a propriedade do capital. A "propriedade social" pode assumir muitas formas. A propriedade cooperativa é altamente favorecida. Os empregados não possuem suas máquinas ou empresas, o que seria considerado uma forma de capitalismo empregado. Em muitas versões, as empresas têm o direito de usar e obter receita de seus ativos, enquanto as agências de investimento possuem o capital e tomam decisões de gestão estratégica. Mas cada empresa tem uma forma democrática e o controle dos funcionários é uma delas (LANE, 2013). Conforme Lane,

> Uma consequência de uma política socialista de mercado é que as empresas que falham ao público e claramente carecem de responsabilidade pública seriam socializadas. Atualmente, os setores bancário, de energia e de transporte ferroviário seriam os principais candidatos. As políticas econômicas poderiam ser realizadas dentro da estrutura capitalista para restaurar o crescimento e o emprego. Isso permitiria a introdução de

> formas de planejamento indicativo que aumentariam ainda mais o controle público (LANE, 2013).

Lane enfatiza que a maximização do lucro continuaria a ser a motivação do empresário. A competição de mercado continuaria gerando lucros ou incorrendo em falência. O objetivo seria alcançar um maior grau de igualdade na distribuição da propriedade de capital. A renda da propriedade de capital não é obtida e sua distribuição altamente desigual representa uma 'responsabilidade moral'. Essa propriedade seria "entregue" à propriedade pública. No entanto, os lucros do verdadeiro empreendedorismo e inovação continuam e atuam como incentivos. E a renda continuaria sendo usada como as pessoas desejassem — estilos de vida luxuosos e conspícuos poderiam continuar (LANE, 2013). Nesta transição socialista de mercado:

> Os valores capitalistas de competição e incentivo ao lucro ainda existem e podem derrotar os elementos socialistas introduzidos pela propriedade social. Essas políticas, pode-se admitir, são formas de capitalismo democrático com características socialistas. Os níveis de desigualdade, mesmo refletindo uma contribuição positiva para a economia, não seriam aceitos por muitos na esquerda.

Lane aponta que o socialismo de mercado tem a vantagem não apenas de fortalecer a democracia, mas também de se mover na direção do socialismo dentro das sociedades capitalistas de mercado. A socialização da economia, bem como o controle público, poderia ser introduzida de forma fragmentada, formando um sistema híbrido. E a manutenção de muitos aspectos do capitalismo, concomitante à introdução da propriedade e do planejamento socializados, é considerada como tendo mais apelo para o público.

> Haveria conquistas positivas em termos de alocação de capital e distribuição de renda. Tem algum apelo até mesmo para os céticos em relação ao planejamento e à gestão do Estado. Como um programa mínimo, ele reverteria a

> financeirização e instalaria a propriedade pública sobre as empresas em falência. Finalmente, estenderia o muito valorizado bem social da democracia na forma de cooperativas e controle dos empregados.

Lane enfatiza que os socialistas de mercado podem ser culpados por simplificar demais suas propostas para um sistema econômico híbrido. Empresas autônomas que buscam eficiência de mercado exigem incentivos e seu sucesso é medido em termos de lucratividade. Isso, por sua vez, não apenas gera desigualdade, mas mina os valores socialistas. As forças de mercado, mesmo no contexto de propriedade pública, acarretariam um nível de anarquia econômica e incerteza. Os ricos prosperariam às custas dos pobres. A competição promove o individualismo que é psicologicamente positivo para os vencedores, mas deprime os perdedores. Lane pondera que a divisão da economia em setores privados, coletivos e estatais e a orientação do planejamento central e do mercado não têm sido fáceis e operacionalmente sem problemas, nem sempre combinando o melhor dos dois sistemas, ou seja, o mercado livre e o socialismo planejado centralmente (LANE, 2013). Lane impressiona as mentes mais utópicas que acreditam num socialismo sem conflitos, erros e contradições. Trata-se de um sistema de transição essencialmente contraditório, com diversos riscos de sabotagem e cheio de percalços.

É evidente que o socialismo não é a erradicação da discórdia, a criação de unanimidades em torno do "bem comum" ou a geração espontânea e permanente de consensos. Se o socialismo fosse sem conflitos, defeitos e contradições, seria o reino da utopia, no pior sentido do termo. Por isso, o socialismo de mercado, apesar das contradições, supera a perda do escopo e a pureza da agenda socialista, colocando mais concreto onde reinam boas intenções. Diante do capitalismo senil, o socialismo de mercado oferece uma saída. Quanto mais povos e países iniciarem transições socialistas, fortalecendo este modo de produção emergente, podendo desafiar o capitalismo financeiro e transnacional, inibir suas tendências mais destrutivas, como guerras, fome, miséria, desemprego, crise climática, colonialismo etc., mais rápido poderá uma ofensiva socialista conter as inerentes tendências destrutivas do capital. A luta pela emancipação continua, os avanços podem ser reversíveis. A história está em aberto e a disputa entre capitalismo senil e o socialismo de mercado emergente está na ordem do dia. Realmente é mais fácil a crítica ao capitalismo do que apresentar alternativas viáveis, reais, possíveis e atingíveis. Quer se goste ou não, no atual momento de profunda crise capitalista e do Estado neoliberal, o socialismo de mercado — uma forma de projetamento soberano – se consolida como um novo horizonte estratégico.

IGNÁCIO RANGEL EM PEQUIM

Alguns podem dizer que o objeto teórico principal da obra, a economia do projetamento, estava em construção e tinha no planejamento soviético sua mais notável expressão e não existe mais. Entretanto, formas de projetamento evoluíram mesmo com o fim da URSS. Como morreu em 1994, Rangel não pôde ver as consequências tectônicas das novas formas de projetamento nas experiências socialistas asiáticas que passavam por reformas de mercado, destacando-se a China, Vietnã e Laos, bem como governos populares que buscam interiorizar o planejamento e outras experiências. Em especial nestes três países asiáticos, um novo modo de produção (econômico, político, cultural e social) já estava em gestação. Quando acabou a URSS em 1991, o Partido Comunista da China já estava implementando, por mais de uma década, profundas reformas econômicas e institucionais, num ambiente de abertura. Esse caminho das reformas da China influenciou o Vietnã e o Laos, que passaram a adotar políticas semelhantes a partir de 1986. Até por influência do socialismo soviético, no Ocidente foi se solidificando uma opinião de que planejamento é socialismo e a economia de mercado é capitalismo. Apesar da breve experiência da NEP na Rússia durante a década de 1920 e das tentativas de introduzir o mercado no sistema soviético, especialmente na Hungria e Iugoslávia durante os anos 1970, foram com as experiências socialistas na China e no Vietnã — uma forma de projetamento — que vêm ganhando mais força e melhor forma, com a duração histórica necessária para romper o subdesenvolvimento, combinando o modo de produção camponês e o modo de produção socialista com o modo de produção capitalista, num tipo de economia denominada de "socialismo de mercado".

Os comunistas chineses designaram o período 1950-52 como o período de reabilitação da economia nacional. Planejavam restaurar instalações produtivas e sistemas de transporte que foram danificados ou destruídos durante a Guerra Sino-Japonesa (1937-45) e a Guerra Civil (1946-49). Após a fundação da República Popular da China em 1949, num contexto como o bloqueio e embargo contra a China por parte dos países ocidentais e o congelamento das suas propriedades, bem como a Guerra da Coreia, o governo chinês começou a adotar uma moeda comum, retificar o mercado financeiro, confiscar o capital burocrático e estabelecer empresas estatais, estabilizar os preços das commodities e esforçar-se para retomar e desenvolver a produção industrial e agrícola.

No âmbito do programa de reforma agrária, propriedades foram confiscadas e redistribuídas aos camponeses. A lei de reforma agrária de 1950 previa especificamente que os proprietários que agissem de maneira inadequada com seus inquilinos poderiam ser executados ou reformados laboriosamente. Ao mesmo tempo, foram formadas "equipes de ajuda mútua" agrícolas e cooperativas para aumentar a produtividade através da partilha de recursos. Em termos de recuperação e desenvolvimento agrícola, a China aumenta o investimento governamental e o fornecimento de materiais para a agricultura, lança projetos de conservação da água, conduz a reforma agrária e a recuperação de terras, abre a comunicação urbano-rural, aumenta a taxa de paridade dos produtos agrícolas, desenvolve equipes de ajuda mútua de produtores agrícolas, populariza técnicas agrícolas para a agricultura científica e melhora a produtividade; em termos de recuperação e desenvolvimento industrial, se deu o confisco do capital burocrático e do capital estrangeiro, estabelecendo empresas estatais, permitindo a coexistência de múltiplos sistemas de propriedade, respeitando a lei do valor e mobilizando o entusiasmo pela produção. No aspecto financeiro, ocorreu a inclusão de empréstimos no planejamento estatal, fortalecendo a gestão cambial, realizando o equilíbrio das receitas e despesas cambiais e assumindo a liderança na transformação socialista e na nacionalização da indústria financeira privada. No final de 1949, a economia estatal chinesa já estava desempenhando um papel de liderança em áreas como finanças, indústria moderna e transportes e, em 1952, a economia nacional da China se recupera bem e a sua produção industrial e agrícola excede os níveis mais elevados antes da revolução.

A China formula seu primeiro Plano Quinquenal em 1953. Para apoiar uma estratégia que priorizava o desenvolvimento da indústria pesada, o Plano Quinquenal tinha a função principal de alocar recursos e atribuir projetos industriais, sendo criado para planejar e acelerar o desenvolvimento econômico. A China então recebe da União Soviética e dos países europeus de democracia popular diversos equipamentos e experiência técnica, da sua experiência de organização do trabalho e da produção em grandes empresas socialistas. No decurso dos anos do primeiro plano quinquenal de desenvolvimento da economia nacional (1953-1957), foi ampliada a base siderúrgica no Nordeste, iniciada a construção de duas novas bases siderúrgicas na Mongólia Interior e na China central, construção de uma série de novas e a ampliação de velhas estações elétricas, minas de carvão, campos petrolíferos, empresas de metalurgia não ferrosa, extração de metais não ferrosos, indústria química e indústria de materiais de construção, bem como de uma série de fábricas de construção de máquinas e empresas de indústria leve. No decurso do plano quinquenal, foram postas em construção mais de 10.000 instalações industriais, incluindo 312 empresas de metalurgia ferrosa, 599 estações elétricas, 600 minas de carvão, 22 empresas da indústria de petróleo e 637 da indústria química, 1.921 empresas de construção de máquinas e de elaboração de metais, 613 empresas têxteis e outras. Entre as empresas em construção, figuravam 921 grandes instalações industriais, 227 a mais do que fora traçado pelo plano. Os ritmos anuais médios de crescimento da produção industrial representaram 19,2% ao invés de 14,7%, como se previa no plano. Ao término de 1957, haviam sido entregues à exploração, integral ou parcialmente, 537 grandes instalações industriais. Nos anos do primeiro plano quinquenal, construíam-se na China, com a colaboração da União Soviética, 166 grandes empresas, das quais, ao término de 1957, 68 entravam integral ou parcialmente em ação. Durante o primeiro plano quinquenal foram produzidas 16,6 milhões de toneladas de aço, ao passo que, durante 49 anos (1900/1949), a produção de aço não totalizou mais do que 7,6 milhões de toneladas. A produção industrial global, em 1957, tinha aumentado em 141% com relação a 1952 e superava em 21% o nível prefixado pelo primeiro plano quinquenal. No espaço de quatro anos, entre a segunda metade de 1952 e o final de 1956, a China completa a transformação para uma economia planificada pelo Estado e estabelece um sistema econômico nacional baseado na propriedade pública. Em 1956, 96% de todos os agricultores de todo o país aderiram a cooperativas (incluindo equipes de ajuda mútua, cooperativas elementares e cooperativas avançadas), mais de 90% dos artesãos aderiram a cooperativas e a transição das empresas para a propriedade pública foi realizada através de parcerias público-privadas (MARCELINO, 2023).

Após o 1º Plano Quinquenal, este modelo de desenvolvimento entrou em crise com os conflitos entre China e URSS, conhecido como Cisma Sino-Soviético, que rachou o Campo Socialista. Com a morte de Stálin, em 1953, a relação entre URSS e China começa a degringolar. O novo governante soviético faz severas críticas ao antecessor e promove o que se convencionou chamar de "desestalinização". Kruschev idealizou e colocou em prática a "doutrina de coexistência pacífica", que preconizava o caminho pacífico para se alcançar a revolução comunista pelo mundo. Ou seja, a política externa soviética passou a defender estratégias de construção do socialismo sem recorrer à violência revolucionária. As diferentes visões chinesa e soviética da colaboração provocariam um conflito crescente. Enquanto a União Soviética pretendia tratar a China como mais um dos seus satélites, os dirigentes da República Popular desejavam um tratamento em condições de igualdade, bem como defender o legado socialista.

A fim de criar uma sólida base para a industrialização socialista do país, foi traçado no segundo plano quinquenal (1958-1962) continuar a construção de empresas metalúrgicas, assegurar o rápido desenvolvimento da construção de máquinas, acelerar o desenvolvimento das indústrias de energia elétrica, de carvão e de materiais de construção, bem como adiantar a construção das indústrias petrolífera, química e de rádio, que são as menos desenvolvidas. Porém, as disputas com a URSS acabaram por levar os chineses a colocar em prática uma nova política de desenvolvimento econômico e social, que foi oficialmente chamada de o Grande Salto para Frente, iniciada em 1958. Foi imputado como tarefa mais importante prosseguir a construção industrial com base na indústria pesada, avançar a reconstrução técnica da economia nacional, criar uma sólida base para a industrialização socialista do país. Por um lado, o rápido crescimento da indústria (aço) e da agricultura (grãos), por outro lado, a realização do comunismo o mais rápido possível. O Grande Salto tinha como premissa a mobilização de todos os recursos humanos da China, enfatizar a "iniciativa subjetiva" do povo, em particular da massa camponesa, que constituía cerca de 80% da população, a fim de acelerar o desenvolvimento econômico e a igualdade entre todos num curto período de tempo. O núcleo do projeto desenvolvimentista era a autossuficiência e a autossobrevivência, ou seja, cada vilarejo deveria produzir os alimentos e os bens necessários. Nas áreas rurais, o movimento das comunas populares foi realizado em todo o país. No final de 1958, um total de 740.000 cooperativas agrícolas em todo o país foram transformadas em 26.000 comunas populares através de reorganização e combinação, e as famílias de agricultores integradas em comunas populares representavam 99% de todas as famílias de agricultores na China. No nível administrativo, os governos municipais foram removidos e a "integração da administração governamental com a gestão comunal" foi posta em prática.

Após a Segunda Crise do Estreito de Taiwan, temendo um confronto armado com os Estados Unidos, em junho de 1959, Kruschev revoga a promessa de fornecer tecnologia necessária para a construção de uma bomba atômica bomba atômica chinesa. Em 1960, ordena a saída de todos os seus especialistas estabelecidos na China e cancela os projetos de cooperação técnica. Esses fatores geraram muita desconfiança dentro da China e fez com que os dirigentes chineses se afastassem ainda mais da URSS. Em 1962 1962, a ruptura se aprofunda quando a União Soviética União Soviética, com base no princípio da coexistência pacífica coexistência pacífica, adota uma postura de neutralidade neutralidade em relação à Guerra sino-indiana Guerra sino-indiana. Estas disputas territoriais alcançariam o seu momento de tensão máxima no incidente da ilha de Zhenbao Zhenbao ("Damanski" em russo russo) no rio Ussuri rio Ussuri, onde houve uma batalha entre tropas chinesas e soviéticas pelo controle da ilha. Este confronto armado iria ser o ponto mais baixo nas relações entre os dois países, e chegou-se a temer a possibilidade de uma grande guerra entre as duas potências comunistas. Assim, a China via-se ainda mais isolada internacionalmente ao não contar nem com o apoio do Ocidente nem com o do bloco soviético.

Apesar de ter alguns avanços na ampliação da industrialização em grandes setores da economia, o Grande Salto Adiante criou desequilíbrios insustentáveis. As minas de carvão que se proliferaram por todo o país arruinaram campos férteis. Diversos casos de contaminação pela instalação de pequenas fábricas de aço construídas no quintal de casas. O cultivo irregular de determinados grãos e alimentos ocasionaram maior infertilidade das terras que, conjugado com a construção de represas sem o devido planejamento e estudo técnico, arruinou os solos, tornando-os imprestáveis para o cultivo. Máquinas agrícolas careciam de peças de reposição, entre inúmeros outros problemas. O valor da produção agrícola bruta em 1959 caiu 13,6% em relação ao ano anterior e o valor de 1960 caiu 12,6% em relação ao nível de 1959. A vida da população rural e urbana encontrou grandes dificuldades. Financeiramente falando, a China sofreu um déficit fiscal durante

quatro anos consecutivos (1958-1961), levando à falta de controle macro à escala global, o crédito bancário ficou fora de controle e a pressão inflacionária foi enorme, o que reduziu ainda mais o nível de vida dos residentes urbanos e rurais.

O Terceiro Plano (1966-1970) foi originalmente previsto no início de 1963, mas a economia da China economia da China estava em crise para permitir quaisquer operações planejadas. A Revolução Cultural Proletária substituiu o Terceiro Plano Quinquenal da mesma forma que o Grande Salto em Frente substituiu o Segundo Plano Quinquenal em 1958. Quando foi colocado em prática o terceiro plano, a Revolução Cultural estava sendo lançada por Mao. Em 16 de maio de 1966, Mao advertia num documento interno que o PCCh estava repleto de revisionistas capazes de, a qualquer momento, instaurar o capitalismo na China. Na "Resolução dos 16 pontos" — que foi o documento que regeu a Revolução Cultural — a revolução tinha como objetivo identificar e destituir os elementos que seguiam a "linha capitalista" e aqueles que difundissem a ideologia burguesa na academia e na cultura. Depois de conseguir o controle do Politburo, Mao lançou uma série de apelos às bases do Partido, nomeadamente os Guardas Vermelhos e os jovens, no sentido de expurgar a China do que considerava serem os restos do feudalismo e da burguesia. Por trás do desencadeamento de um grande movimento de massa, visava-se a transformação ideológica e cultural do país. Nos meses seguintes, foi elaborado um programa de eliminação dos chamados 4 velhos de que padecia a China: as velhas ideias, a velha cultura, os velhos costumes e os velhos hábitos. Para reger a Revolução Cultural foram criadas várias organizações de massa, como comitês e grupos dentro das escolas, instituições e fábricas. Esse processo contou com a participação dos guardas vermelhos, os quais surgiram na cena política chinesa e passaram a exercer um papel de grande importância no desencadeamento da Revolução Cultural. A Guarda Vermelha era formada por estudantes secundaristas e universitários cuja origem era operária ou camponesa, promovendo uma forte atividade de propagação da Revolução Cultural por toda a China, incentivando o combate contra a reprodução de práticas ditas burguesas. A ação cada vez mais radical destes grupos levou a multiplicação de disputas entre os grupos. O caos traduziu-se no assalto e destruição do patrimônio cultural do país, com a queima de livros, destruição de obras de arte, muitas sessões de autocrítica, etc. A literatura, a filosofia, a medicina e a arte tradicional chinesa foram declaradas decadentes e banidas e substituídas por uma literatura e uma estética revolucionária, substancializada na épica peça de balé Dong Fang Hong. Durante os anos da Revolução Cultural, a reeducação se tornou uma prática largamente utilizada como instrumento de correção dos quadros do Partido que haviam se burocratizado e perdido contato com os setores populares. Ex-funcionários do governo, escritores, médicos, intelectuais, professores que "seguiam a via capitalista", eram enviados para se reeducarem através do trabalho produtivo e também receberem cursos de formação política. Esses campos receberam os guardiões da cultura — artistas, escritores, intelectuais, atores e jornalistas. (CHANG, 2006, p. 642). Os locais da reeducação se situavam no interior da China, em aldeias onde não havia água encanada, sistema de esgoto e luz elétrica, ou seja, os reeducados deveriam viver, comer e trabalhar como o povo. A dureza do trabalho no campo e na fábrica estava ligada à ideia de aprendizado com as massas através da "reeducação ideológica" pelo trabalho produtivo. Desde o início da planificação, os anos de 1967 e 1968 teriam sido os únicos momentos da história da China Popular em que não foram implementados planos econômicos, em razão da "Revolução Cultural".

O quarto plano (1971-1975) foi marcado pelo arrefecimento da Revolução Cultural. A ênfase geral depois de 1969 foi na reconstrução do partido, estabilização econômica e uma maior sensibilidade aos assuntos externos. Em 1971, Mao encarregou o primeiro-ministro Zhou Enlai da responsabilidade de acelerar o desenvolvimento da economia nacional. Ele percebe que o desenvolvimento exige a modernização das máquinas e equipamentos antigos utilizados pela indústria chinesa. Em particular, percebe que a indústria chinesa não poderia ser modernizada sem importações de tecnologia estrangeira. Assim se decidiu importar o necessário de tecnologia estrangeira e melhorar as relações econômicas da China com os países ocidentais, especialmente com os Estados Unidos.

O Presidente Nixon visitou a China de 21 a 28 de fevereiro de 1972, reuniu-se com o Presidente Mao, manteve conversações diversas vezes com o Primeiro-Ministro Zhou Enlai e publicou um Comunicado Conjunto Sino-Americano em Xangai. O seu encontro com o Presidente Mao, que alegadamente não tinha sido agendado, chamou a atenção como uma indicação das verdadeiras boas-vindas da República Popular da China ao Presidente e também do seu entusiasmo pelas conversações. O Comunicado Conjunto expressou as opiniões de ambos os países sobre questões que lhes dizem respeito e também sobre vários problemas internacionais. Afirmou que ambos os lados concordaram com a coexistência pacífica e a normalização das relações sino-americanas, expressou lado a lado as diferentes opiniões dos dois países sobre Taiwan, a Indochina e outros problemas sobre os quais discordaram. E, acima de tudo, abriu caminho para a China importar tecnologia dos EUA e outros países.

Em janeiro de 1975, Zhou Enlai, falando perante o Quarto Congresso Popular Nacional, delineou um programa do que veio a ser conhecido como as Quatro Modernizações para os quatro setores da agricultura, indústria, defesa nacional e ciência e tecnologia. Esta proposta constituiu a principal diretriz para planos econômicos subsequentes.

Durante o quinto plano (1976-1980), após a morte de Mao Zedong em 1976, o partido foi liderado pelo sucessor designado, Hua Guofeng, que defendia um desvio mínimo das doutrinas maoístas no que diz respeito aos sistemas políticos e econômicos. Em abril de 1978, Hua Guofeng lança um ambicioso plano de desenvolvimento decenal, centrado no investimento na indústria pesada, grandes obras de infraestrutura e na forte dependência das importações de equipamento de capital. Entretanto, no XI Congresso do PCC, em julho de 1977, Deng Xiaoping e outros veteranos foram reabilitados, além da incorporação de novos quadros dessa mesma corrente, modificando sensivelmente a correlação de forças dentro da composição do Comitê Central e do Bureau Político. Deng propunha um reajustamento da economia, "uma retirada parcial, no estilo da Grande Marcha", e insistia na avaliação crítica de Mao. A corrente liderada por Deng impôs a rejeição da linha política da manutenção do maoísmo, na famosa 3ª Sessão Plenária, em dezembro de 1978, e, em abril de 1979, classificou como grande fracasso o plano econômico recém-adotado de Hua Guofeng. Apontaram os resultados de déficit orçamentário, déficit comercial, inflação etc. Decidiu-se por uma nova política para "reajustar, reformar, corrigir e melhorar" a economia.

No final de 1978, as visões reformistas, lideradas por Deng Xiaoping, tornaram-se dominantes no partido. A facção ultraesquerda foi deposta do poder por uma coligação de forças moderadas composta por veteranos seniores do Partido Comunista e quadros mais jovens que surgiram durante o período da Revolução Cultural. Deng Xiaoping refutava um pensamento rígido sobre planejamento e economia de mercado. Defendia que era preciso uma grande e perigosa retirada estratégica, vagarosa e complexa, no ritmo que conseguisse manter desenvolvimento econômico e estabilidade política, um sistema de transição socialista, partindo das condições nacionais, combinando regulação do mercado com medidas globais de planificação, admitindo uma diversidade de formas produtivas para equilibrar o desenvolvimento econômico e social. No Terceiro Plenário do Comitê Central do Partido Comunista, em dezembro de 1978, a liderança rompeu decisivamente com o legado da Revolução Cultural e decidiu centrar o trabalho do partido no desenvolvimento econômico. A principal contradição na China foi identificada como o atraso da economia na resposta às necessidades do povo. Assim, a principal tarefa do partido foi definida como o desenvolvimento das forças produtivas.

As reformas tiveram início no campo, dando aos 800 milhões de camponeses o direito de escolher diferentes sistemas de responsabilidade pela produção agrícola, de forma cooperada, familiar ou individual. O que precisava para garantir insumos e alimentos para 1 bilhão de pessoas era ampliar o incentivo aos camponeses com a rápida expansão da indústria leve, bens de consumo e serviços. A nova linha passou a visar o crescimento de formas diversificadas de direito de propriedade, com a introdução de reformas com o objetivo de fortalecer o mecanismo do mercado, sempre com o pressuposto de que a propriedade pública deve permanecer dominante. O motor deste processo foram as empresas estatais consideradas de segurança nacional (indústrias estratégicas ou chaves), como energia, defesa, telecomunicações, máquinas e equipamentos, automotiva, tecnologias da informação, siderurgia, química, construção naval e aviação, pesquisa e desenvolvimento. Começaram a implantação de autonomia para negociar no mercado, transformando-se em grandes conglomerados para que pudessem liderar o processo de modernização no país.

No entanto, embora a nova liderança tenha concordado quanto à necessidade de romper com o passado e de reformar o sistema econômico, não houve unanimidade nas opiniões sobre o ritmo e a natureza da reforma, particularmente o papel do mercado versus o do planejamento numa economia socialista. Nos primeiros anos de reforma, tais diferenças de pontos de vista tinham pouca importância política, uma vez que as reformas então adotadas eram experimentais e parciais, dirigidas principalmente ao rejuvenescimento de uma economia que tinha se tornado moribunda como resultado de anos de interferência política combinada com a diminuição da eficácia do planejamento administrativo. Na fase inicial do processo de reforma, a questão foi resolvida considerando o mercado como um complemento útil a uma economia predominantemente planificada. Em meados da década de 1980, o papel do mercado foi elevado quando o objetivo das reformas econômicas foi declarado como o estabelecimento de uma "economia de mercado socialista planejada". Nesta formulação, considerou-se que a China se encontrava numa fase primitiva do socialismo na qual a economia mercantil era uma parte essencial. Assim, o objetivo da reforma era estabelecer um sistema econômico que combinasse o planejamento com a utilização das forças de mercado. No entanto, à medida que as reformas começaram a espalhar-se pela economia, a inadequação de uma abordagem parcial tornou-se cada vez mais evidente, conforme se manifesta nos surtos periódicos de instabilidade macroeconômica. Consequentemente, à medida que uma abordagem mais abrangente às reformas se tornou imperativa, as diferenças de pontos de vista começaram a influenciar diretamente a direção e a substância das políticas, resultando em mudanças periódicas na ênfase das reformas.

Em 1982, no texto "No domínio das tecnologias, seremos bons em aprender; em particular, devemos ser bons em inovar", Deng Xiaoping aponta:

> Qual é a linha ideológica? Aderir ao marxismo e integrá-lo às realidades chinesas — em outras palavras, buscar a verdade dos fatos, como defendido pelo camarada Mao Zedong, e defender suas ideias básicas. É crucial para nós aderir ao marxismo e ao socialismo. Por mais de um século após a Guerra do Ópio, a China foi submetida a agressões e humilhações. É porque o povo chinês abraçou o marxismo e manteve o caminho que conduzia da nova democracia ao socialismo que sua revolução foi vitoriosa. Na fundação da República Popular, herdamos da velha China uma economia em ruínas, praticamente sem indústria. Havia escassez de grãos, a inflação era aguda e a economia um caos. Mas resolvemos os problemas de alimentação e emprego da população, estabilizamos os preços das commodities e unificamos o trabalho financeiro e econômico, e a economia se recuperou rapidamente. Nesta base, iniciamos uma reconstrução em grande escala. Em que confiamos? Confiamos no marxismo e no socialismo. Algumas pessoas perguntam por que escolhemos o socialismo. Respondemos que era necessário, porque o capitalismo não levaria a China a lugar nenhum. Se tivéssemos trilhado o caminho capitalista, não poderíamos ter acabado com o caos no país nem com a pobreza e o atraso. É por isso que declaramos repetidamente que devemos aderir ao marxismo e manter o caminho socialista.
>
> O que é socialismo e o que é marxismo? Não éramos muito claros sobre isso no passado. O marxismo atribui extrema importância ao desenvolvimento das forças produtivas. Dissemos que o socialismo é o primeiro estágio do comunismo e que no estágio avançado será aplicado o princípio de cada um

de acordo com sua capacidade e de cada um de acordo com suas necessidades. Isso exige forças produtivas altamente desenvolvidas e uma abundância avassaladora de riqueza material. Portanto, a tarefa fundamental da etapa socialista é desenvolver as forças produtivas. A superioridade do sistema socialista é demonstrada, em última análise, pelo desenvolvimento mais rápido e maior dessas forças do que sob o sistema capitalista. À medida que se desenvolvem, a vida material e cultural das pessoas melhorará constantemente. Uma das nossas deficiências após a fundação da República Popular é que não prestamos atenção suficiente ao desenvolvimento das forças produtivas. Socialismo significa eliminar a pobreza. Pauperismo não é socialismo, muito menos comunismo.

O mundo atual está aberto. Uma razão importante para o atraso da China após a revolução industrial nos países ocidentais foi sua política de portas fechadas. Depois da fundação da República Popular fomos bloqueados por outros, então o país ficou praticamente fechado, o que nos criou dificuldades. A experiência dos últimos trinta anos demonstrou que uma política de portas fechadas atrapalharia a construção e inibiria o desenvolvimento. Partindo das realidades na China, devemos antes de mais nada resolver o problema do campo. Oitenta por cento da população vive em áreas rurais, e a estabilidade da China depende da estabilidade dessas áreas. Por mais bem-sucedido que seja nosso trabalho nas cidades, isso não significará muito sem uma base estável no campo. Assim, começamos por dinamizar a economia e por aí adotar uma política aberta, de modo a colocar em ação a iniciativa de 80 por cento da população. Adotamos essa política no final de 1978 e, depois de alguns anos, ela produziu os resultados desejados.

Abrimos 14 cidades costeiras de grande e médio porte. Congratulamo-nos com o investimento estrangeiro e técnicas avançadas. A gestão também é uma técnica. Eles vão minar nosso socialismo? Provavelmente não, porque o setor socialista é o esteio da nossa economia. Nossa base econômica socialista é tão grande que pode absorver dezenas e centenas de bilhões de dólares em fundos estrangeiros sem ser abalada. O investimento estrangeiro servirá, sem dúvida, como um importante complemento na construção do socialismo em nosso país. E do jeito que as coisas estão agora, esse suplemento é indispensável. Naturalmente, alguns problemas surgirão na esteira do investimento estrangeiro. Mas seu impacto negativo será muito menos significativo do que o uso

> positivo que podemos fazer dele para acelerar nosso desenvolvimento. Pode acarretar um pequeno risco, mas não muito. Bem, esses são nossos planos. Devemos acumular novas experiências e tentar novas soluções à medida que surgem novos problemas. Em geral, acreditamos que o caminho que escolhemos, que chamamos de construção do socialismo com características chinesas, é o certo. Há cinco anos e meio percorremos esse caminho e alcançamos resultados satisfatórios; de fato, o ritmo de desenvolvimento até agora excedeu nossas projeções. Se continuarmos assim, poderemos atingir a meta de quadruplicar o PIB da China até o final do século. E assim posso dizer aos nossos amigos que estamos ainda mais confiantes agora.

As reformas liberalizaram a administração das empresas, tanto em relação aos investimentos e produção, quanto no que diz respeito às compras e vendas dessas firmas no mercado. A multiplicação impressionante das empresas de municípios e aldeias também significou um tipo de esvaziamento das possibilidades da planificação e gestão estatais como controle, direção, coordenação da atividade econômica nacional. Durante os anos 1980 tentou-se uma conciliação entre a administração e a liberalização dos preços. Isso pode ser visto como um sistema trinitário, com o Estado fixando alguns preços e monitorando outros, enquanto para uma quantidade cada vez maior de produtos admitia-se a determinação dos preços pelas forças de mercado (MACEDO, 1994, p. 40). Isso é, alguns preços ainda determinados administrativamente, como nas cotas de produtos a serem vendidas ao Estado no início das reformas e outros preços determinados pelo mercado. Já em outubro de 1984, foram liberados os preços da maioria dos produtos agrícolas e da maioria dos produtos manufaturados (esses últimos, dentro de uma banda de variação dos preços).

O sétimo plano quinquenal (1986-1990) foi feito para construir uma base para o novo sistema econômico socialista com características chinesas. Este plano, concebido após a reforma e abertura da China, incluiu pela primeira vez seções sobre "expansão do intercâmbio econômico e tecnológico externo" e "estrutura e política de investimento", e também colocou o desenvolvimento da ciência e da educação em posições estratégicas. Embora a China tenha prosseguido com sucesso uma estratégia de reforma e abertura da sua economia durante 15 anos, as reformas não derivaram de qualquer plano abrangente. Em geral, as medidas de reforma foram inicialmente introduzidas numa base experimental em algumas localidades — muitas vezes como resultado de iniciativas locais — e foram adotadas à escala nacional apenas quando se revelaram bem sucedidas a nível local. Esta abordagem pragmática às reformas ajudou a evitar grandes perturbações econômicas e a transformar a economia de um sistema de planejamento predominantemente central para um sistema em que os mecanismos de mercado desempenham um papel importante também.

Deng Xiaoping, por exemplo, refutava um pensamento rígido sobre planejamento e economia de mercado. Defendia que era preciso uma grande e perigosa retirada estratégica, vagarosa e complexa, no ritmo que consiga manter desenvolvimento econômico e estabilidade política, um sistema de transição socialista, partindo das condições nacionais, combinando regulação do mercado com medidas globais de planificação, admitindo uma diversidade de formas produtivas para equilibrar o desenvolvimento econômico e social. Ao invés de adotar a cartilha liberal, a China modernizou e reforçou suas empresas estatais. Manteve o monopólio sobre os ramos econômicos estratégicos (financeiro, petróleo, energia, etc.), mas com a novidade de colocar as diversas estatais em concorrência, evitando a burocratização e promovendo o desenvolvimento científico. As estatais também concorrem com as empresas privadas, obrigando-as a elevar a produtividade, baixar custos e preços.

Ainda durante a década de 1980, a China passou a ser reconhecida por estar se integrando ao capitalismo, com maior inserção nas cadeias produtivas internacionais, zonas industriais para exportação que passaram a beneficiar a acumulação de capital estrangeiro excedente, obtendo altas e consistentes taxas de crescimento. A China manteve firmemente seu processo de desenvolvimento ancorado no socialismo de mercado, fazendo gradualmente reformas visando a melhor organização das forças produtivas, modernizando as estatais, as cidades, o sistema financeiro e de defesa nacional. Manteve seu crescimento em nível quantitativo e acelerado, vislumbrando as metas definidas para o fim do século. Enquanto isso, muitos torciam para que as reformas dessem errado (colapso iminente) ou que levassem à reconversão total ao capitalismo.

Para se liberar as forças produtivas, houve a flexibilização do controle dos meios de produção de setores não-estratégicos, favorecendo a formação de empresas privadas e cooperativas. O crescimento do setor privado deu-se em conjunto com o aumento da competitividade das estatais e cooperativas. O gasto público cresceu significativamente com as empresas estatais sendo a espinha dorsal da economia, mantendo controle dos principais meios de produção que atuam no mercado sozinhas e em grupos e servem de base do planejamento macroeconômico, capaz de dirigir e regular o mercado. Os chineses abriram sua economia de forma calculada e gradual, apresentando como atração o baixo custo relativo de mão-de-obra, a boa infraestrutura de energia, transporte e comunicação, orientação no processo de investimentos e a estabilidade social e política. Aproveitando o capital externo para criar e adensar suas cadeias produtivas, condicionaram os investimentos à associação com empresas chinesas, à transferência de novas e altas tecnologias e à participação no comércio internacional. Criaram um sistema monetário soberano. Modernizaram as estatais e descentralizaram o planejamento. Mantêm uma política ativa de distribuição de renda por meio de aumentos constantes de salários, aposentadorias e serviços públicos. E assim vem superando a dependência econômica do ocidente, um caso singular na história.

No ano de 1988, a reforma do aparelho do Estado redundou na eliminação de cerca de 4 milhões de postos de trabalho na máquina pública (RODRÍGUEZ, 2005, p. 18). Os ministérios e comissões no governo central passaram de 40, em 1983, para 29, em 1989. Na nova estrutura, a área de controle macroeconômico reunia o Ministério da Fazenda, o Banco Popular da China (Banco Central), a Comissão Estatal de Planificação e Desenvolvimento e a Comissão Estatal de Economia e Comércio. A área de gestão econômica contava com os ministérios dos Transportes Ferroviários, das Comunicações, da Construção, da Agricultura, Conservação da Água, Comércio Exterior e Cooperação Econômica e da Informação (fusão dos ministérios dos Correios e Telecomunicações e da Indústria Eletrônica), além da Comissão de Ciência, Tecnologia e Indústria de Defesa. A área de administração agregava os ministérios da Educação, Ciência e Tecnologia, Cultura, Trabalho e Seguridade Social, Recursos Naturais. Os demais 12 ministérios compunham a área de assuntos de governo e de Estado. A estrutura do Conselho de Estado contava com comissões centrais que desempenhavam um importante papel de articulação dos diversos ministérios, ajudando a formular propostas mais globais para a política, planificação e gestão da economia e da administração na China. Mas, com as transformações econômicas do mercado e da propriedade privada, tudo isso foi perdendo sentido, substância, efetividade.

A liberalização dos preços, com impactos de inflação e de desorganização econômica, foi um importante objeto de disputa no interior do sistema Partido-Estado, na segunda metade da década de 1980. A inflação avançou com taxas de 6% em 1986, 7,3% em 1987 e 18,5% em 1988. Deng Xiaoping insistiu na liberalização de preços em 1986 e começou, a partir de maio de 1988, a conclamar, publicamente, pela adoção da liberdade dos preços de mercado. O superaquecimento da economia, a inflação e a ameaça de desequilíbrios maiores, em 1988, ao lado dos protestos na praça Tiananmen, em 1989, suscitaram divergências, alinhando, de um lado, os assim chamados reformadores e, de outro, os tidos conservadores.

O oitavo plano (1991-1995) priorizou a reestruturação industrial e promoção do desenvolvimento baseado em tecnologia, educação e comércio exterior. Em 1992, ocorre uma mudança ideológica decisiva quando o partido abraça definitivamente as opiniões do líder sênior Deng Xiaoping e apela ao estabelecimento de uma economia de mercado socialista. As diferenças de pontos de vista começaram a influenciar diretamente a direção e a substância das políticas, resultando em mudanças periódicas na ênfase das políticas. O Comitê Central do Partido Comunista da China decide estabelecer uma economia de mercado socialista, e os elementos de planejamento originais foram gradualmente substituídos, com o governo central a deixar de dar instruções diretas aos governos e empresas locais. O partido resumiu a experiência dos 15 anos anteriores e adota o mecanismo de mercado como apenas um instrumento de desenvolvimento econômico e não uma característica definidora de um sistema social, e o caráter socialista da economia é preservado pela propriedade predominante do setor público (incluindo o Estado e os coletivos) sobre os meios de produção. Consequentemente, os elaboradores de planos recorreram ao planejamento baseado no mercado, integrando as principais tendências de desenvolvimento dos mercados internos e externos em planos de médio e longo prazo para fornecer orientação macro para a transformação estrutural econômica. O foco do Plano Quinquenal para este período mudou gradualmente para a direção, tarefas, políticas e disposições principais para a reforma e abertura para o desenvolvimento econômico e social nacional.

O nono plano quinquenal (1996-2000) inclui o estabelecimento preliminar de uma economia socialista de mercado e a melhoria da estrutura industrial. Coloca a agricultura no centro das atenções. Em linha com o crescimento populacional e o aumento da prosperidade, o plano estabelece uma meta de produção de 500 milhões de toneladas de cereais para 2000. O plano enfatiza a necessidade de melhorar os rendimentos, expandir a utilização de terras subdesenvolvidas, recuperar terras em pousio e introduzir novas tecnologias. Na prossecução de objetivos políticos, o Banco Popular da China anunciou em 1995 que a agricultura, juntamente com grandes projetos de infraestruturas, será uma prioridade de empréstimo para os bancos estatais. O plano propõe também a renovação dos sistemas de crédito cooperativo e a introdução de novas companhias de seguros agrícolas. Destaque também para a previsão de uma série de meios fiscais para encorajar o investimento no interior, uma maior transferência de recursos do leste para o interior e uma mudança gradual das indústrias de mão-de-obra intensiva das regiões costeiras para o interior.

O décimo plano (2001-2005) teve como objetivo construir um sistema de previdência social relativamente completo e fazer progressos significativos no estabelecimento de um sistema empresarial moderno em empresas estatais. Foi a época em que a China articulou pela primeira vez planos para desenvolver uma indústria de energias renováveis. No início deste período de cinco anos, a China não tinha praticamente nenhuma indústria solar e eólica doméstica e a própria indústria global era minúscula. No documento denominado Décimo Plano Quinquenal para o Desenvolvimento da Indústria de Energias Novas e Renováveis, é apresentada uma visão para industrializar as indústrias de energias renováveis, construindo na China economias de escala. Parques eólicos estão planejados para as províncias de Xinjiang, Mongólia Interior, Hebei, Jilin, Liaoning, Hubei e Guangdong, com uma capacidade combinada de 500 MW.

O 11° plano quinquenal (2006-2010) propôs otimizar e atualizar a estrutura industrial e melhorar a utilização de recursos. Este plano prevê a duplicação do PIB do país até o ano 2010 (em relação a 2000) e a obtenção de uma média taxa de crescimento anual de 7,0%. Desde o início da década de 1980, o governo chinês vem elaborando programas nacionais de ciência e tecnologia (C&T) que têm sido executados ao longo de sucessivos planos quinquenais. As áreas prioritárias, objetivos e metas desses programas foram sendo revistos e reorientados às diretrizes e aos objetivos estratégicos do plano em vigor. Chama atenção o fato de que esses programas muitas vezes foram implementados ao longo de dois, três ou quatro planos quinquenais. Apesar da importância dos programas iniciados ainda nos anos oitenta, os fatos mais marcantes da nova estratégia chinesa vieram com o 11° Plano Quinquenal (2006-2010), quando a China mudou o foco de sua estratégia de crescimento, priorizando atividades orientadas à inovação tecnológica no lugar da indústria e agricultura tradicionais. O Programa Nacional de Médio e Longo Prazo para Desenvolvimento da Ciência e da Tecnologia (MLP) de 2006, cujo horizonte vai até o ano de 2020, é o grande instrumento desta mudança, com ênfase na inovação nativa, no salto tecnológico em áreas prioritárias e já com ambição de alcançar um protagonismo global.

O 12° (2011-2015) teve como objetivo aumentar as contribuições em educação, ciência e tecnologia e estabelecer metas para a proteção ambiental. A partir de 2010, a China passou a liderar o mercado mundial em alguns segmentos da indústria, como máquinas e equipamentos elétricos e química, e se posicionou como um dos principais produtores em quase todos os demais segmentos industriais. O desempenho da China não se restringiu apenas aos setores de média ou baixa intensidade tecnológica. Ao contrário, progressivamente a China ampliou sua fatia dos chamados bens de alta intensidade tecnológica (informática, equipamento de telecomunicações, instrumentos médicos e ótica, aeronáutica e a indústria farmacêutica). O 12° Plano Quinquenal objetiva reestruturar a economia chinesa, incentivando o consumo interno, desenvolvendo o setor dos serviços, mudando para a indústria transformadora de maior valor agregado. Três aspectos principais da política industrial do 12° Plano Quinquenal são (1) o foco no desenvolvimento científico, (2) o apoio governamental a sete indústrias emergentes estratégicas e (3) a construção de infraestruturas de transporte e energia. O 12° Plano Quinquenal designa sete indústrias emergentes estratégicas (SEI) como motores do futuro desenvolvimento econômico da China, desde a produção de baixo custo até às indústrias de maior valor e para a criação de crescimento sustentável. Estas indústrias incluem tecnologia de energia limpa; tecnologia da informação (TI) de próxima geração; biotecnologia; fabricação de equipamentos de alta qualidade; energia alternativa; novos materiais; e veículos de energia limpa. Quatro destas indústrias (biotecnologia, fabricação de equipamentos de alta qualidade, novos materiais e TI da próxima geração) foram previamente identificadas como indústrias-alvo no 11° Plano Quinquenal.

O 13° plano (2016-2020) apresentou o uso da inovação para impulsionar o desenvolvimento. A China já se convertera no principal exportador de produtos manufaturados e o segundo fabricante de bens de alta tecnologia do mundo. Sua meta é deixar de ser uma plataforma de exportação de grandes empresas multinacionais estrangeiras e, também das empresas nacionais, para dar um salto qualitativo passando da imitação para a inovação, buscando a liderança mundial apoiada na inovação. No período do 13° Plano Quinquenal, o avanço do novo tipo de urbanização com características chinesas avança, criando uma procura incomensurável de investimento e consumo. Em 2015, a taxa de urbanização da China atingiu 56,1%, mas a população com residência urbana representava apenas menos de 40%. Existe uma grande lacuna entre a China e os países desenvolvidos ou mesmo alguns países em desenvolvimento na extensão e qualidade da urbanização. Portanto, o governo chinês atribui grande importância a isto, e o 13° Plano Quinquenal propõe aumentar os dois números para 60% e 45%, respectivamente, até 2020. Para atingir esta meta, haverá mais 55 milhões de residentes urbanos e cerca de 70 milhões de pessoas com residência urbana registrada nos próximos cinco anos, o que sem dúvida trará uma enorme procura de investimento e consumo.

Amplamente delineado no final de outubro de 2020, o 14° Plano Quinquenal (2021-2025) visa que a China se torne uma economia "moderadamente desenvolvida" até 2035, com um PIB per capita de cerca de 30.000 dólares, quase três vezes o nível de 2020. Antecipa que o crescimento futuro terá como base em grande parte no consumo interno de bens e serviços com redução das disparidades entre os padrões de vida urbanos e rurais. O 14° Plano Quinquenal é o primeiro Plano que se baseia no objetivo do primeiro centenário, a erradicação da pobreza rural absoluta. Sendo realizado, o segundo objetivo centenário é "construir um país socialista moderno que seja próspero, forte, democrático, culturalmente avançado e harmonioso" até 2049, através de "realização da modernização socialista" até 2035. As metas de crescimento econômico do país estão atreladas aos seguintes objetivos de longo prazo: até 2035, tornar-se uma economia de alta renda e até 2050, transformar-se em uma economia avançada.

Destaca-se um "novo conceito de desenvolvimento" que combina "economias sustentáveis e saudáveis ao desenvolvimento" com "melhorias óbvias na qualidade e eficiência". O objetivo é "alcançar maior qualidade, mais eficiência, mais justiça e mais desenvolvimento sustentável e mais seguro". O 14º Plano Quinquenal apresenta metas e propostas de aprofundar as transformações no modelo de desenvolvimento, inserindo-o em bases mais equilibradas e com ênfase reservada à qualidade do crescimento, sendo a auto-suficiência em ciência e tecnologia um componente-chave. A área de semicondutores é citada como estratégica para o alcance de posição segura e privilegiada nos segmentos de inteligência artificial, comunicação 5G e supercomputação — inclusive computação quântica. É importante ressaltar que o Plano inclui diretrizes detalhadas para o desenvolvimento da ciência e tecnologia (C&T). Em particular, designou claramente as áreas de investigação focadas e os objetivos para a reforma do sistema nas instituições de investigação chinesas e indústrias relacionadas. Os principais projetos de C&T são nas áreas fronteiriças da inteligência artificial, informação quântica, circuitos integrados, saúde pública, ciências do cérebro, biotecnologia de reprodução, investigação em terras raras e águas profundas e tecnologia espacial. Em linha com as áreas focadas, serão criados novos laboratórios nacionais e os laboratórios-chave estatais existentes serão reorganizados. Grande parte dos esforços apoiará o desenvolvimento das regiões de Pequim, Xangai e Guangdong-Hong Kong-Macau nos três principais centros internacionais da China para a inovação em C&T. Pela abordagem das cadeias globais de valor, o novo modelo envolve a internalização de etapas ou elos considerados sob diversos aspectos relevantes para a economia, como por exemplo, elos estratégicos em termos de conhecimento e inovação, ou em termos de agregação de valor e de geração de emprego e renda, da otimização do uso de materiais e energia ou ainda em termos de sua maior ou menor capacidade para dominar e orientar as cadeias produtivas nas quais estão inseridos.

Apesar da propaganda negativa, a China vem provendo, segundo alguns estudiosos, a "maior transformação econômica dos últimos 250 anos" da história mundial, com relativo sucesso na melhora das condições de vida da população. A novidade deste modo de produção emergente é sua capacidade de contribuir para o desenvolvimento das forças produtivas e se subordinar a um processo de constante redistribuição de renda, de presença da sociedade e do Estado na economia através de empresas de propriedade cooperativa, pública, estatal e mista.

O ex-presidente Jiang Zemin conta que Margaret Thatcher, em sua visita à China, falou energicamente que era impossível mesclar socialismo e mercado. Zemin teria respondido: tarde demais, Sra. Thatcher, já estamos fazendo e está dando certo. O que era uma falta de lógica para o pensamento liberal, para os chineses fazia todo sentido. Não deveria haver qualquer problema em recriar o socialismo com mercado, repensar as experiências reformistas, inspirar-se pelo espírito da NEP russa e outras experiências no Leste Europeu, aproveitar o acúmulo histórico das Quatro Modernizações propostas por Zhou Enlai. Por outro lado, até por influência do socialismo soviético, no Ocidente foi se solidificando uma opinião de que planejamento é socialismo e a economia de mercado é capitalismo. Deng Xiaoping refutava um pensamento rígido sobre planejamento e economia de mercado. Defendia que era preciso uma grande e perigosa retirada estratégica, vagarosa e complexa, no ritmo que conseguisse manter desenvolvimento econômico e estabilidade política, um sistema de transição socialista, partindo das condições nacionais, combinando regulação do mercado com medidas globais de planificação, admitindo uma diversidade de formas produtivas para equilibrar o desenvolvimento econômico e social.

Na China, a economia de mercado passou a ser profundamente conectada com o sistema econômico socialista, cujo fundamento é a propriedade pública como base da coexistência de uma variedade de propriedades. A China tomou um caminho distinto de transição econômica, combinando o mercado e o plano. Ao introduzir o mecanismo de mercado, o governo não abandonou o mecanismo de planejamento, como foi feito em outros países socialistas, mas em vez disso reformou-o. O Comitê Central do

Partido Comunista da China inicia o processo de formulação do Plano Quinquenal. Elabora as diretrizes iniciais que se convertem em milhares de subplanos a serem implementados por entidades governamentais em todos os níveis de administração. Após a aprovação inicial dos planos globais, um processo incessante de coordenação e avaliação reúne as operações das agências estatais e partidárias. Este sistema difere dos métodos utilizados na chamada era da "economia planificada" porque não comanda o uso de recursos. Os planos modernos são concebidos para cumprir objetivos operacionais através da utilização de políticas macroeconômicas executadas por agências governamentais. O plano quinquenal foi assim transformado de planejamento econômico para planejamento de governação de assuntos públicos. Hoje o plano e o mercado estão combinados para que os dois se complementem e se estimulem.

A sistemática chinesa de formulação e implementação de planos quinquenais confere ao seu planejamento, quer em termos gerais ou setoriais, grande eficácia. Em primeiro lugar, porque a cultura de planejamento de longo prazo já está estabelecida e é uma rotina para todos os órgãos de governo. Em segundo lugar, porque há continuidade nas ações e os novos planos dão sequência aos anteriores, sem as rupturas que comumente ocorrem na democracia liberal. Em terceiro lugar, porque a implementação dos programas é favorecida pelo grau de comando e controle que o Estado chinês possui sobre muitos dos atores envolvidos, que em grande parte depende diretamente do governo (empresas estatais, institutos federais de pesquisa, etc.) ou estão sujeitos a regras bem rígidas (MARCELINO, 2023).

Devido a razões históricas específicas, os Planos Quinquenais antes da reforma e abertura não foram totalmente implementados, exceto o Primeiro Plano Quinquenal. No entanto, os Planos Quinquenais forneceram um programa orientador para a estratégia de desenvolvimento prioritário da indústria pesada do país no período inicial da fundação da República Popular. Embora os planos quinquenais tenham diferentes tarefas em cada período, há uma progressão lógica entre o desenvolvimento e os objetivos dos planos.

Existe uma progressão lógica do modo de desenvolvimento econômico a partir do 1° e 2° Plano Quinquenal, que se concentrou apenas no desenvolvimento de indústria, ao 5° Plano Quinquenal, que melhorou a relação desproporcional entre acumulação e consumo na economia nacional, até o 8° Plano Quinquenal, que propunha uma mudança fundamental no modo de crescimento econômico, depois para o 13° Plano Quinquenal, que propunha um ambiente verde em torno do desenvolvimento com harmonia entre o ser humano e a natureza. Do desenvolvimento de uma economia planejada nos primeiros cinco planos a uma economia de mercado planejada no 7° Plano Quinquenal, e depois para o fundamental papel da economia de mercado no 9° Plano Quinquenal, uma mudança para o papel decisivo do mercado no 12° Plano Quinquenal, se reflete a progressão lógica da evolução do sistema econômico. Do 3° Plano Quinquenal para focar na construção da civilização material no 6° Plano Quinquenal e, em seguida, no fortalecimento da construção da civilização espiritual no 8° Plano Quinquenal, se reflete a natureza progressivamente lógica do nível de exigência humana (MARCELINO, 2023).

Ao longo dos últimos 70 anos, a China vem expandindo o escopo e o nível do espaço de planejamento. Mudanças no conteúdo do planejamento e nos meios de controle do planejamento levaram ao surgimento de cada vez mais novas formas de planejamento. O surgimento e desenvolvimento de vários tipos de planejamento se torna assim uma ferramenta necessária de governança para apontar soluções para os problemas do desenvolvimento. Desde a implementação dos planos quinquenais, a economia geral da China fez um grande progresso. O plano torna uma garantia poderosa para o crescimento econômico e promove o desenvolvimento rápido e saudável da economia da China. O plano quinquenal melhorou o sistema econômico geral e gradualmente desenvolveu um sistema industrial completo.

Durante os mais de 70 anos desde a fundação da República Popular e dos últimos 40 anos desde sua "reforma e abertura", a China registrou notáveis conquistas históricas. Porém, o principal fator para o crescimento econômico acelerado por um longo período foi o sistema socialista da China. Neste sistema, é o Partido Comunista que lidera as reformas econômicas, políticas, sociais, culturais e ambientais. O PPCh é a força-motriz do forte e poderoso Estado Socialista da China.

É comum se falar em "milagre chinês", como se fosse uma graça divina. Porém, vale a pena destacar que o "milagre econômico" está profundamente integrado com o sistema político chinês. Ele garante as condições para que reformas econômicas sejam realizadas com maior grau de sucesso e é seu principal agente. Não existem "políticas econômicas", mas uma economia política que fundamenta as aspirações e capacidades do Estado. Durante os mais de 70 anos transcorridos desde a fundação da República Popular e dos últimos 40 anos desde suas reformas e abertura, a China registrou notáveis conquistas históricas. Porém, o principal fator para o crescimento econômico acelerado por um longo período foi o sistema socialista da China. Neste sistema, é o Partido Comunista que lidera as reformas econômicas, políticas, sociais, culturais e ambientais. O PPCh é a força-motriz do forte e poderoso Estado da China.

O processo pelo qual a China constrói o socialismo sob a liderança do Partido Comunista pode ser dividido em duas fases históricas — uma que antecedeu o lançamento das reformas e da abertura, em 1978, e outra que se seguiu a esse evento. As duas fases — ao mesmo tempo relacionadas e distintas uma da outra — são ambas explorações pragmáticas na construção do socialismo conduzidas pelo povo sob a liderança do partido desde a fundação da República Popular da China (RPC), em 1949. Embora as duas fases históricas sejam muito diferentes em seus pensamentos orientadores, princípios, políticas e trabalho prático, elas não estão de forma alguma separadas ou opostas uma à outra. Não se deve negar a fase de pré-reforma e abertura em comparação com a fase de pós-reforma e abertura, nem o contrário. O principal fio condutor entre os dois períodos é a persistente estrutura institucional Partido/Estado, com toda sua centralidade — ora contestada, ora reforçada — e seus efeitos amplos e profundos, ideológicos, políticos e econômicos, na vida chinesa. O PCCh está enraizado em cada província, cada cidade e vilarejo — e atualmente, até nas grandes empresas. Com a vitória da revolução em 1949, o Partido Comunista Chinês tornou-se a principal instituição política para a tomada de decisão dos rumos estratégicos da China, em simbiose com o aparato estatal. Constituiu-se o Estado nacional, reunificando a pátria, superada a guerra civil e vencida a ocupação estrangeira. Isso garantiu a estabilidade da sociedade chinesa e estabeleceu uma base sólida para a reforma e o desenvolvimento. O sistema de governança nacional é o resultado do desenvolvimento de longo prazo, melhoria gradual e evolução endógena com base na herança histórica, tradições culturais e desenvolvimento econômico e social da China. O Partido é singular em tamanho e organização, com capacidades de governança incomparáveis aos sistemas ocidentais. Em suma, o Partido Comunista Chinês tem vantagens significativas que outros partidos políticos não possuem.

Ao mesmo tempo que se descentraliza, a vantagem da liderança do Partido Comunista é conseguir unir todas as forças possíveis, com forte capacidade organizacional e de mobilização para realizar tarefas importantes. Absorve a grande maioria dos membros proeminentes da sociedade chinesa, convidando-os para se tornarem membros do partido; mas também tem talentos notáveis de todas as esferas da vida, o que é incomparável a qualquer outra organização política. A utilização dessas vantagens permitiu ao socialismo com características chinesas mostrar sua legitimidade e vitalidade, com caráter cada vez mais sistemático, cientificamente padronizado e eficaz.

O próprio setor estatal da economia — controlado diretamente pelo partido — também viveu reformas. Na segunda metade da década de 1990, as empresas estatais passaram por um processo profundo de mudanças e pela fusão de milhares de companhias e privatização de outras tantas. Ao fim deste processo, surgiram 149 conglomerados empresariais estatais com crescente capacidade de atuar no mercado. A separação entre a gestão e a propriedade, a maior qualificação de quadros administrativos e o recurso a certos critérios de mercado transformaram muitas dessas empresas em gigantes globais. Estas empresas estatais, a maioria das quais no topo da cadeia industrial, desempenham papéis centrais nas indústrias básicas e manufatura pesada, enquanto as empresas privadas estão mais envolvidas no fornecimento de produtos manufaturados, especialmente bens de consumo final. Em 1994, havia 150 mil empresas privadas registradas. Em 2018, eram 15 milhões. De forma gradual, as empresas estatais e as privadas passaram a ter uma relação interdependente de apoio e cooperação mútuos. Se as empresas privadas estão em boas condições de negócios, o capital estatal pode se retirar, e as empresas estatais podem aumentar a eficiência recrutando a participação de empresas privadas quando enfrentam dificuldades. Além disso, as empresas privadas são as mais dinâmicas na China para criar postos de trabalho. Também existem cerca de 500.000 companhias estrangeiras, muitas delas com empresas mistas com estatais e cooperativas chinesas (MARCELINO, 2023).

No capitalismo, o foco do Estado é o capital. Interfere para implantar infraestrutura para o capital, para apoiar setores do capital e salvar o capital quando entra em crise. O capital é incapaz de uma perspectiva de longo prazo. E qualquer compensação para as classes populares é feita a contragosto. No socialismo de mercado, o Estado planeja e explicita seus projetos, combinando ações de curto, médio e longo prazo. O papel do Estado é diferente das outras economias de mercado, pois tem o controle dos principais meios de produção, a maioria do sistema financeiro, o desenvolvimento tecnológico e os ramos estratégicos da indústria e infraestrutura. O Estado interfere no mercado com seus bancos, indústrias, fazendas e órgãos de governo, evitando desequilíbrios do mercado em relação a preços e propriedades. O Estado promove a distribuição de renda de modo a evitar polarização social. Assim, pelo menos por ora, a parte privada tem papel ativo e destacado, mas não conduz o desenvolvimento nacional.

Na liderança chinesa, projeta-se o futuro no presente, baseado nas lições do passado, com escalas de curto prazo (5 anos), médio prazo (15 anos) e longo prazo (30 a 50 anos). Os planos de curto prazo se remetem aos objetivos de médio e longo prazo. O planejamento conecta o presente e o futuro, em esforços coordenados e nas suas devidas etapas. Ao mesmo tempo, é flexível, se adaptando às necessidades gerais. Planejamento como ação de intervenção no futuro, mediando tendências, mas seguindo diversos planos simultaneamente, definindo prioridades e fortalecendo as formas de execução no devido tempo. O planejamento como um processo contínuo que busca conduzir o país para uma visão de longo prazo, com prioridade num conjunto de ações e monitoramento da implantação do plano que contenha indicadores e metas de forma a controlar o progresso de sua implantação e mecanismos e estruturas que permitam a sua avaliação e a proposição de ajustes. Planejamento de longo prazo que revela grande potencial em fomentar o desenvolvimento social, econômico e urbano.

Elias Jabbour é um dos principais especialistas em China no Brasil. Estudioso das formulações de Ignácio Rangel, ele vem desenvolvendo uma importante contribuição no debate e nas formulações sobre a economia política chinesa. Jabbour aponta que o modo de produção socialista dominante na China possui uma "capacidade do Estado [de] atuar na economia quantitativamente maior e qualitativamente superior do que o verificado no capitalismo". O aumento da produtividade das estatais foi acompanhado pela maior coordenação estatal. Elias aponta que a crise financeira asiática de 1997 acelerou a implantação de novos marcos institucionais que se completariam com a formação, em 2002, da State-Owned Assets Supervision and Administration Commission (SASAC).

> Ao lado de um grande pacote fiscal transformado no Programa de Desenvolvimento do Grande Oeste (1999), ocorreu um intenso processo de fusões e aquisições no setor estatal da economia levando à formação de 149 conglomerados empresariais localizados nos setores-chave da economia, tornando-se o chamado "núcleo duro" da economia chinesa. Um novo e centralizado "grande capital estatizado" emerge desde então. As empresas desse grupo — apesar de sua drástica redução — tornaram-se mais importantes, mais intensivas

em capital e tecnologia e mais lucrativas em relação ao setor privado. Não é exagero afirmar que a combinação entre coordenação do investimento (SASAC) e um sistema estatal de intermediação financeira levou a um patamar superior a atuação estatal. A formação da SASAC como elemento fundamental de coordenação estatal sobre o investimento remete a outra questão que se coloca na análise de experiências de intervenção massiva do Estado sobre o ciclo econômico: trata-se da existência, ou não, de "policy space" para políticas de socialização do investimento em um ambiente de economia globalizada e financeirizada. Nesse sentido, sobre o caso da China, percebe-se que a reorganização contínua de atividades entre os setores estatal e privado não prescindiria do próprio controle do Estado não somente sobre o núcleo duro da finança e do sistema produtivo, mas também sobre os mecanismos fundamentais do processo de acumulação, como as taxas de juros e câmbio — além do necessário isolamento da política monetária dos humores da economia internacional, via controle sobre o fluxo de capitais. A instalação das ZEE e a mudança das condicionantes macroeconômicas da economia japonesa, a partir de 1985, beneficiaram sobremaneira a estratégia chinesa de internalizar tecnologias via investimentos estrangeiros diretos (IED) ao lado de uma política agressiva de exportações. A "socialização do investimento" e seus mecanismos seriam a expressão máxima de um processo de construção de instituições capazes de refletir, ao longo do tempo, a estratégia do país.

Elias aponta que esse diferencial de produtividade entre empresas estatais, township and village enterprises (TVE), empresas de capital misto etc. pode guardar respostas no surgimento de um "novo modelo" na China mais voltado para o desenvolvimento da fronteira tecnológica, com projetos como o Made in China e a mais de centena de bilhões de dólares na chamada inteligência artificial, plataforma 5G e no Big Data. Esses aparatos suportarão as novas e superiores formas de planificação.

Jabbour afirma que um novo modo de produção está surgindo na China, com muitas similaridades com a "Nova Economia do Projetamento" proposta por Ignácio Rangel para designar o modo de produção que surgia da fusão entre a economia monetária, o keynesianismo e a planificação soviética. Trata-se da plena integração entre produção, distribuição circulação, oferta, demanda e dados financeiros. Afora a rápida mudança na divisão social do trabalho com o encaminhamento planificado do campo com a cidade.

> A China se encaixa como a primeira experiência de uma nova classe de formações econômico-sociais — o "socialismo de mercado". Na verdade, ao permitir o surgimento e o florescimento de um nada pequeno setor privado e, de outro, reformas institucionais aceleradas desde a segunda metade da década de 1990, levaram ao surgimento tanto de um ambiente propício ao que Keynes Keynes chamou de "socialização do investimento" quanto de cerca de 100 grandes conglomerados empresariais estatais e um robusto e capilarizado sistema financeiro também estatal como o núcleo duro, ao lado do poder político de novo tipo exercido pelo Partido Comunista da China, do "socialismo de mercado". A implicação política de todo esse processo é que o capitalismo ocidental se vê diante de um concorrente estratégico nada modesto e pronto a se tornar o centro dinâmico da economia internacional. Em grande medida a humanidade, nas próximas décadas, terá à sua disposição a alternativa que vem da China e o caos em que o Ocidente está envolvido (JABBOUR, 2006, p. 165).

Jabbour entende que uma das principais características desta nova formação econômico-social é a imensa capacidade de coordenação do Estado para colocar suas dezenas de conglomerados e sistema financeiro a executar imensas obras de infraestrutura, podendo ser caracterizada pela coexistência em uma mesma formação econômico-social de modos de produção distintos. Ele aponta que, na China, existe um setor estatal na economia que é o dominante e único capaz de irradiar efeitos de encadeamento para toda a economia chinesa, inclusive ao setor privado. A agricultura está em processo de transição de modo de produção em que a "pequena produção mercantil" está dando lugar a formas superiores de propriedades não capitalistas. O Partido Comunista, além de exercer o poder político, espalha seu poder sobre toda a economia não somente através de empresas públicas, mas também com os comitês de fábrica que se capilarizaram e passaram a ter voz, inclusive no setor privado em um processo que se acelera. É muito complicado falar na existência de um "socialismo puro", porém a China certamente é a forma de engenharia social mais avançada que existe no mundo, mais distante de um capitalismo, seja liberal ou de Estado, e mais próximo de formas socializantes, o que não encerra as imensas contradições existentes por lá, ao contrário: são as contradições o principal motor das transformações do país. Interessante notar que o setor público na China detinha o controle de 77% das forças produtivas no país em 1978 e hoje diminuiu para 30%. Porém a capacidade de realização do Estado é muito maior. Assim, há novas e superiores formas de planificação sendo gestadas e executadas em larga escala na China:

> A partir de 1978, a China fez sucessivas alterações em seu modo de produção, conformando o que hoje é a economia socialista de mercado. Planejamento global amplo, produção de mercadorias respeitando a lei do valor, propriedade estatal da terra, controle da política monetária e da de investimentos, remuneração segundo o trabalho, ter por objetivo central o desenvolvimento das forças produtivas, ampliar a democracia, reforçar o sistema legal socialista, descentralizar e, finalmente, promover a coexistência de diferentes formas de propriedade sob a égide da propriedade social, tais são, em grandes linhas, algumas das características da economia socialista de mercado que se desenvolve na China. Ditas características ultrapassaram a planificação ultracentralizada, de inspiração soviética, a uniformidade distributiva que mirava o "igualitarismo", a estatização total dos meios de produção e a exacerbação da burocracia (JABBOUR, 2020, p.45).

Para Jabbour, a evolução da planificação da economia chinesa acontece primeiro com a planificação de tipo soviético e construindo uma base industrial (1949-1978), depois com as reformas de mercado, no campo, nas estatais, bancos e comércio exterior (1978-2012), para chegar a um estágio superior, com a criação e estruturação da SASAC, formação de um potente sistema nacional de inovação, aparatos institucionais que levam à "socialização do investimento", as maiores reservas cambiais do mundo, um sistema financeiro estatal que dá condições para a "soberania monetária", capacidade única de realizar grandes projetos (made in China 2025, Novas Rotas da Seda, malha ferroviária), novas formas de planificação com utilização de plataformas, como Big Data, 5G e Inteligência Artificial, elevando a capacidade de racionalização do processo de produção num nível superior (JABBOUR, 2021, p. 255).

> O surgimento dos primeiros sinais de uma nova economia de projetamento indica uma mudança qualitativa na natureza da capacidade estatal da China de governar a economia nacional e impulsioná-la poderosamente por um caminho acelerado e holístico de desenvolvimento econômico e humano. Planejar torna-se cada vez mais uma ferramenta racional coletiva para harmonizar o presente e o futuro, prestando o devido respeito aos sinais do mercado de curto prazo, mas também moldando e construindo os mercados futuros, a fim de torná-los aliados eficazes no enfrentamento dos grandes desafios que simplesmente não podem ser identificados e pagos ao preço do mercado, entre eles a preservação do meio ambiente. A efetiva realização sistêmica e a consolidação da nova economia do projetamento não podem ser consideradas um fato consumado no momento. Trata-se de uma tendência para o futuro, porém já constitui a engenharia social mais avançada em desenvolvimento no mundo hoje. Se a China conseguir êxito nesse processo, terá um longo caminho aberto para construir uma forma menos primitiva, mais desenvolvida e mais consistente de socialismo (idem, p. 256).

O projetamento socialista — com suas características nacionais — é a alternativa concreta, real e viável para combater as crises catastróficas do capitalismo (desemprego, guerras, crise climática, disputas tecnológicas, colonialismo, miséria, etc.). Em meio à depressão capitalista do século XXI, as saídas capitalistas não têm mais eficácia, fora a rapina e a subordinação ao capital fictício. Se abre uma opção para começar a desenvolver um novo tipo de racionalidade, com prioridade às necessidades coletivas sobre as necessidades individuais. E o projetamento é este caminho. Hoje a economia do projetamento está em franca ascensão, na China e em outros países. Enquanto muitos enfraqueciam as capacidades na regulação econômica e soberania nacional, o projetamento — especialmente o asiático — está evoluindo, e a capacidade de realização de planos e projetos está se aperfeiçoando. O projetamento, no atual contexto político, econômico e social, ganha novas conformações transnacionais e se torna um assunto relevante para estabelecer alternativas ao desenvolvimento destrutivo do capitalismo neoliberal contemporâneo.

REFERÊNCIAS

ALMEIDA, Rômulo. Nordeste: Desenvolvimento Social e Industrialização. Paz e Terra, Rio de Janeiro, 1985.

AHUMADA, Jorge. *La planificación del desarrollo*. ICIRA, Santiago, 1969

BIELSHOWSKY, R. O pensamento econômico brasileiro. *O ciclo ideológico do desenvolvimentismo*. 3. ed. Contraponto, Rio de Janeiro, 1996.

BELLUZZO, L. G. "As consequências econômicas da Lava Jato" pp.21-35 in Kerche, Fábio and João Feres Júnior (ed.), *Operação Lava Jato e a Democracia Brasileira*. São Paulo: Contracorrente, 2018.

BRESSER-PEREIRA, L.; REGO, José M. Um mestre da economia brasileira: Ignacio Rangel. *Revista de Economia Política*, v. 13, n. 2 (50), abr./jun. São Paulo, 1993.

BRESSER-PEREIRA, L.C. *A Construção Política do Brasil: Sociedade, Economia e Estado desde a Independência*. São Paulo: Editora 34, 2011.

CAMPELLO, D. The Politics of Market Discipline in *Latin America: Globalization and Democracy*. Cambridge: Cambridge University Press, 2015.

CASTRO, M. H.; BIELSHOWSKY, R.; BENJAMIN, C. Notas sobre a atualidade do pensamento de Ignacio Rangel. *Revista de Economia Política*, v. 34, n, 4 (137), out./dez. São Paulo, 2014.

D'ARAÚJO, Maria Celina. O Segundo Governo Vargas (1951-1954). Zahar, Rio de Janeiro, 1982.

DIAS PEREIRA, J. M. O centenário de Ignacio Rangel. *Revista de Economia Política*, v. 34, n. 4 (137), out./dez. 2014.

DENG, X. *Selected works.* People's Press, Beijing, 1993. (v. 2, 1975-1982).

FARO, Luiz C.; SINELLI, M. *Ignácio Rangel: elogio à ousadia. Insight Comunicação*, Curitiba, 2014.

GABRIELE, A. *The role of state in China`s industrial development: A reassessment*. MPRA Working Paper, n. 1451, 2009.

GERBAUDO, P. *O Grande Recuo: a política pós-populismo e pós-pandemia.* Todavia, São Paulo, 2023.

GOUVEIA, E.M. Salários industriais, acumulação de capital e exportações na China. 2012. 190 f. Dissertação (Mestrado em economia) — Universidade Federal do Rio de Janeiro, Rio de Janeiro, 2012.

IANNI, Otávio. *Estado e Planejamento Econômico no Brasil* (1930-1970). Editora Civilização Brasileira. Rio de Janeiro, 1977.

IANONI, M. *Estado e Coalizões no Brasil (2003-2016): Social-desenvolvimentismo e neoliberalismo*. Contraponto, Rio de Janeiro, 2018.

JABBOUR, E. *China: socialismo e desenvolvimento — sete décadas depois* (2ª edição revista e ampliada). Anita Garibaldi, São Paulo, 2020.

_______. *China Hoje: Projeto Nacional, Desenvolvimento e Socialismo de Mercado*. Anita Garibaldi/EDUEPB, São Paulo, 2012.

_______. *Considerações gerais sobre o marxismo e a Ásia*. Princípios, 82, p. 30- 40. JABBOUR E.; DANTAS, A. (2017): The political economy of reforms and the present Chinese Transition. *Brazilian Journal of Political Economy*, v. 37, n. 4, p. 789-807, 2006.

_______. *China: o socialismo do século XXI*. Boitempo, São Paulo, 2021.

JABBOUR, E; DANTAS, A; BELMONTE, A. "Ciclos econômicos, desenvolvimento e mercado: anotações sobre o socialismo e a 'etapa primária'. In: BERTOLINO, O; MONTEIRO, A. (Org.) *100 anos da Revolução Russa: legados e lições. Anita Garibaldi*, São Paulo, 2017.

JABBOUR E.; DANTAS, A. *Na China emerge uma Nova Formação EconômicoSocial*. Princípios, nº 154, p.70-86, 2018.

JABBOUR, E.; BELLUZZO, L. Quando o socialismo fabrica o mercado. *Carta Capital*, n. 1324, p. 40-43, 2019.

JABBOUR, E; DANTAS, A.; ESPÍNDOLA, C. *Considerações iniciais sobre a "Nova Economia do Projetamento"*. Geosul. 35 (75):17-42, 2020.

JABBOUR, E.; DANTAS, A. *Ignacio Rangel na China e a Nova Economia do Projetamento*. Mimeo, 2020.

JABBOUR, E.; PAULA, L. F. A China e a "socialização do investimento": uma abordagem Keynes-Gerschenkron-Rangel-Hirschman. *Revista de Economia Contemporânea*. N. 22 (1), pp. 1-23, 2018.

LANE, D. Porque o socialismo de mercado é uma alternativa viável ao neoliberalismo? *Revista da London School of Economics and Political Science*, 2013. Disponível em: https://blogs.lse.ac.uk/politicsandpolicy/37396/

LANGE, O. "On the economic theory of socialism: Part one", *The Review of Economic Studies*, Vol.4, 1934.

______. *Introdução à Econometria*. Fundo de Cultura, São Paulo, 1967.

______. Marxian economics and modern economic theory. *The Review of Economic Studies*, Oxford, v. 2, n. 3, p. 189-201, June 1935.

______. The scope and method of Economics. *The Review of Economic Studies*, Oxford, v. 13, n. 1, p. 19-32, 1945.

______. The Computer and the Market, em Alec Nove e D. M. Nuti, eds., *"Socialist Economics"*, Middlesex, UK: Penguin Books, 1973.

______. La Planeación en la Economía Socialista. IN: LANGE, Oskar. *Problemas de Economía Política del Socialismo*. México: Fondo de Cultura Económica, 1989

LIMA, Marcos Costa (org.). Os Boêmios Cívicos: a Assessoria econômico-política de Vargas (1951-54). Centro Internacional Celso Furtado de Políticas para o Desenvolvimento, Rio de Janeiro, 2013.

LIMA, Medeiros (org.) Petróleo, Energia Elétrica, Siderurgia: a luta pela emancipação — Um depoimento de Jesus Soares Pereira sobre a política de Vargas. Paz e Terra, Rio de Janeiro, 1975.

LEÃO, R. P. F. *O padrão de acumulação e o desenvolvimento econômico da China nas últimas três décadas: uma interpretação*. 2010. Dissertação (Mestrado) — Universidade Estadual de Campinas, Instituto de Economia, Campinas, 2010.

MAMIGONIAN, A. O retorno do profeta desarmado. *Carta Capital*, n. 352, p. 56-62, 2005.

MAMIGONIAN, A. A geografia e a formação social como teoria e como método". In: SOUZA, M. A. A. (Org.). *O mundo do cidadão, o cidadão do mundo*. Hucitec, São Paulo, 1996.

MAMIGONIAN, A. Ignacio Rangel e seus interlocutores. In: HOLANDA, F. M.; ALMADA, J.; AFFONSO DE PAULA, R. Z. (Org.). *Ignacio Rangel, decifrador do Brasil*. EDUFMA, São Luis, 2014. p. 75-82.

MARTINS, Carlos E. A teoria da conjuntura e a crise contemporânea. Polis — *Revista Latinoamericana*, Santiago de Chile, n. 24, 2009.

MELNICK, J. *Manual de projetos de desenvolvimento econômico*. Unilivros Cultural, Rio de Janeiro, 1981.

MARCELINO, F. *A Revolução das Cidades Inteligentes na China*. Appris, Curitiba, 2024.

______. *China: novos ensaios*. Edição do Autor, Curitiba, 2023.

______. *Em defesa do projetamento: Ignácio Rangel e os desafios do desenvolvimento brasileiro*. Edição do Autor, Curitiba, 2023.

__________. *Introdução ao Planejamento na China: Planos Quinquenais e Desenvolvimento Urbano.* Edição do Autor, Curitiba, 2023.

NAUGHTON, B. Is China socialist? *Journal of Economic Perspectives*, v. 31, n. 1, p. 3-24, 2017.

_______. *Growing Out of the Plan: Chinese Economic Reforms* (1978-1993). Cambridge Syndicate Press, 1995.

NOVE, A. *A economia do socialismo possível — lançado o desafio: socialismo com mercado.* Ática, São Paulo, 1989.

PALHANO, R.; CORRÊA, R.; COSTA, M.; BRAGA, P. *Um fio de prosa autobiográfica com Ignácio Rangel.* IPES/UFMA/SIOGE, São Luis, 1991.

PAGNANI, E.M. *Manual de elaboração e análise de viabilidade de investimentos.* Unicamp, Campinas, 1983.

PEREIRA, Jesus Soares. O Homem e sua Ficha. Civilização Brasileira, Rio de Janeiro, 1988.

POMERANZ, L. *Elaboração e análise de projetos.* 2. ed. Hucitec, São Paulo, 1988.

RANGEL, I. *Elementos de economia do projetamento.* 2. ed. Bienal, São Paulo, 1987.

______. *Os Desenvolvimentistas - Obras Reunidas.* Contraponto, Rio de Janeiro, 2005.

______. *Obras Reunidas* — volume 1. Centro Internacional Celso Furtado de Políticas para o *Desenvolvimento.* Contraponto Editorial. Rio de Janeiro, 2012.

_______. *Obras Reunidas* — volume 2. Centro Internacional Celso Furtado de Políticas para o Desenvolvimento. Contraponto Editorial. Rio de Janeiro, 2012.

SOUZA, A; ASSIS, J. C. A Serviço do Brasil — a trajetória de Rômulo de Almeida. A. Souza, Rio de Janeiro, 2006.

SINGER, A. *Os Sentidos do Lulismo: reforma gradual e pacto conservador.* São Paulo: Cia das Letras, 2009.

_________. *O Lulismo em Crise: Um quebra-cabeça do período Dilma (2011-2016).* São Paulo: Cia das Letras, 2018.

ZONENSCHAIN, C. N. *O caso chinês na perspectiva do "catch-up" e das instituições substitutas.* 2006. Tese (Doutorado)

— Universidade Federal Rural do Rio de Janeiro, Instituto de Ciências Humanas e Sociais, Rio de Janeiro, 2006.

SOBRE O AUTOR

Fernando Marcelino Pereira nasceu em Curitiba (1987), é graduado em Relações Internacionais pela UNICURITIBA, Mestre em Ciência Política e Doutor em Sociologia pela UFPR. Atualmente, realiza pós-doutorado no programa de Políticas Públicas e Planejamento Urbano, na UFPR, comparando a urbanização chinesa e brasileira. Especializado em China, atuou no Escritório Paraná-China junto ao IPARDES. É Membro do Núcleo de Estudos Paranaenses (NEP), com diversas pesquisas sobre genealogias de famílias ligadas ao poder econômico, político, judiciário, midiático e do tribunal de contas no Paraná e no Brasil. Além disso, é Militante do Movimento Popular por Moradia (MPM), Membro do Mimesis Conexões Artísticas e do Samba da Resistência.

É autor de várias obras, incluindo os livros: *Classes Dominantes no Paraná Contemporâneo: Família, Poder e Riqueza, Guerra Civil Brasileira: 1891-1894; Marx no século XXI: valor, crise e capitalismo financeiro; COVID-19 e a nova geopolítica global; China: novos ensaios; Geopolítica Hídrica Global: energia e hidro-hegemonia em disputa; Estratégias de Desenvolvimento no Sul Global: capitalismo liberal, capitalismo de estado ou socialismo de mercado?; Introdução ao Planejamento na China: Planos Quinquenais e Desenvolvimento Urbano; A Revolução das Cidades Inteligentes na China; Em Defesa do Projetamento: Ignácio Rangel e os desafios do desenvolvimento brasileiro; e Para onde vai a esquerda? Crise da democracia-liberal, pós-neoliberalismo e novos governos progressistas na América Latina.*

Na literatura, escreveu os livros *Desencontros e seus golpes* (poesia), *Revolta Paraná* (conto), *Profeta Joel: vivendo no fim dos tempos* (teatro), 93 *Haikais* (poesia), *Oito breves amorosidades* (poesia) e *Última hora* (poesia).

pólen bold 90 gr/m2
tipologia calisto mt
impresso no inverno de 2024